吉原の舞台裏のウラ

遊女たちの私生活は実は○○だった？

永井義男

朝日文庫

本書はＫＫベストセラーズの公式サイト「BEST TiMES」にて連載していた「吉原の舞台裏を覗く」に加筆修正を行い、書籍化したものです。

はじめに

性別、年齢を問わず、現代の日本人に、

「もし江戸にタイムスリップできるとしたら、まず、どこに行きたいですか？」

というアンケートを実施すれば、おそらく「吉原《よしわら》」という回答が第一位であろう。

それくらい、江戸の吉原遊廓《ゆうかく》は有名である。いや、有名どころか、人気も高い。

若い女性に、

「吉原ファン」

を自称する人は少なくない。

かつての遊廓が好きと公言し、

「今の風俗店とは違って、昔の遊廓には情緒があった」

とまで言い切る女性もいる。

ところが、そういう女性に、

「売春防止法を改正して、売春を女性の職業として認めるべきだという意見を、どう思いますか？」

という設問を投げかけると、たちまち様相は一変する。

ほとんどすべての女性が売春に猛反対する。中には額に青筋を立てて、

「売春は、女性を性の奴隷にするものだ」

と、激昂する人もいる。

このことからもわかるように、現在、女性のほぼ百パーセントが売春に反対であろう。男性の大多数も反対と思われる（とくに、若い人ほど）。

しかし、これはじつに奇妙な現象である。

現代の売春はいけないが、江戸時代の売春はいいということなのだろうか？

露骨な表現をすれば、吉原は売春街であり、遊女は売春婦だったのである。

この捩《ねじ》れ現象を引き起こしている原因のひとつが、吉原と遊女を描いた、あでやかな錦絵《にしきえ》であろう。

実際に錦絵を手に取り、見た人はさほど多くはないであろう。しかし、吉原に関する本やムックなどはこうした錦絵を多数掲載し、それにもとづき解説している。

その結果、現代人は錦絵を通じて吉原と遊女のイメージを形成している、といっても間違ってはいないであろう。

ところが、錦絵が作成されたのは江戸時代の後期である。たとえば、太夫《たゆう》を描いた

錦絵などは写実ではなく、たんなる想像の産物に過ぎないのだが、このことは本文に譲ろう。

大雑把な区切りをすれば、錦絵は、いわばハレ（晴、非日常）を描いている。つまり、吉原や遊女のケ（褻、日常）は描いていない。ケは錦絵の題材に値しなかった、ともいえよう。

錦絵がウソとまではいわない。だが、あくまで描かれているのは吉原と遊女のハレの世界である。

では、吉原と遊女のケの世界は、はたしてどうだったのか。

本書は、ケの世界を中心に、吉原と遊女の実相を見ていきたい。

ケを言い換えたのが、「舞台裏」である。

その目的から、本書では戯作《げさく》の挿絵を多数採用した。もちろん、戯作の挿絵がすべてリアリズムとはいえない。

しかし、挿絵の多くで、絵師は自分と同時代の風俗を描いていた。そのため、同時代のケの風俗に限りなく近いのはたしかである。

本書に引用した江戸時代の文献には、大きく分けてフィクションとノンフィクションがある。

江戸時代のフィクションは、洒落本、滑稽本、人情本、浮世草子などと区分がややこしいため、大きく戯作と春本に分類し、それぞれ書名の前に記した。

また、読みやすさを優先して、引用文は現行の仮名遣いに直し、漢字はすべて現行の新字に改めた。当て字を正し、一部、平仮名を漢字にしたところもある。会話の部分には「 」を付けた。

随筆、随想、日記、見聞録などのノンフィクションは書名のみとした。仮名遣いなどの表記は原則、原文のままとしたが、漢字は新字に改めた。

吉原の舞台裏のウラ◆目次

第一章　幻想の吉原

○太夫は幻想

吉原《よしわら》と聞いたとき、まず「太夫《たゆう》」を思い浮かべる人は多いであろう。

太夫は、吉原遊廓の最上級の遊女の称号である。

美貌はもとより、教養もあり、しかも性技（セックスのテクニック）は秀逸だったと書いた本もある。

さらに、太夫には「張り」があり、権力や金にはなびかなかった、と。たとえ客が大名や豪商でも、その横柄《おうへい》さが気に入らないと、すげなくはねつけることもあったと書いた本は多い。

そんな太夫のなかで、もっとも有名なのが三浦屋《みうらや》の高尾《たかお》であろう。

図1は、画中に「三浦屋高尾」と記されている。

三浦屋は吉原でも一流の妓楼《ぎろう》だった。その三浦屋で代々継承された太夫の名称が高尾で、七代までいたとも、十一代までいたともいわれる。図1の高尾が何代目かは不明。

ともあれ、図1を見ると、

「やはり、太夫はすごいな」

と感じ、太夫に関する様々な評言を信じたくなる。

図1『古代江戸絵集』国会図書館蔵

絢爛豪華《けんらんごうか》は、まさに太夫のいでたちを形容する言葉といえよう。

ところが、この太夫の称号は宝暦《ほうれき》年間（一七五一～六四）に廃止された。それまでは、

太夫—太夫格子《たゆうこうし》—三茶《さんちゃ》—梅茶—五寸局《ごすんつぼね》—三寸局—並局

と、複雑だった遊女の階級も、

花魁《おいらん》（上級遊女）—新造《しんぞう》（下級遊女）

に簡素化された。

少年時代の見聞を記した『後は昔物語』（手柄岡持著）は、宝暦元年（一七五一）、玉屋《たまや》に花紫《はなむらさき》という太夫がいたが——

われ覚《おぼえ》では此《この》一人にて、其《その》後太夫といふ物絶《たえ》たり。

——と述べ、花紫が最後の太夫だったようだ。

いっぽう、栄華を誇った三浦屋も、『新吉原細見記考』（加藤雀庵著、天保十四年頃）は――

そもそも此《この》三浦四郎左衛門《しろうざえもん》は、廓中の旧大家にして、高尾、薄雲《うすぐも》、其《その》他多くの名妓《めいぎ》を出せり。実に花街《かがい》中の一大名家と称すべし。元吉原開基の年、元和《げんな》四年に其家おこりて、此年宝暦六年に至り、百卅九年《ひやくさんじゆうく》にして、そのあとかたも見えずなりぬ。

――と記している。元和四年（一六一八）の元吉原開業以来、高尾や薄雲などの名妓を抱え、百三十九年続いた妓楼の名門三浦屋も、宝暦六年（一七五六）に廃業した。

現在、時代小説やテレビ・映画の時代劇の舞台になる吉原は、もっぱら田沼意次《おきつぐ》が老中となった安永《あんえい》元年（一七七二）以降である。

ということは、時代小説や時代劇の吉原には、すでに太夫はいなかったことになる。逆に、太夫が登場すれば時代考証の誤りになろう。

さて、図1の絵師は歌川豊国《うたがわとよくに》である。豊国は四代までいたが、ここは初代豊国として述べる。二代以降の豊国だったとしても、事情は変わらない。

豊国は明和《めいわ》六年（一七六九）に生まれ、文政《ぶんせい》八年（一八二五）に死去したので、彼が生まれる前に、すでに太夫は廃止されていた。

豊国自身は、太夫と遊んだことはもちろん、実際に見たこともなかったことになる。すると、豊国は何を根拠に三浦屋の高尾を描いたのだろうか。写真などの映像記録もなかった時代である。

けっきょく、豊国は自分が絵師として活躍した寛政《かんせい》〜文化・文政期の全盛の花魁《おいらん》を手本に、まったくの想像で高尾太夫を描いていたことになろう。

豊国は太夫について、

「昔の太夫は格式が高かったと聞く。いまの花魁よりも、もっと華麗だったに違いない」

と考え、絵筆をふるったのだ。

では、実際の太夫の姿はどうだったのか。

図2は、画中に「太夫道中」とある。客に呼ばれて揚屋《あげや》に行っていた太夫が、妓楼《ぎろう》に戻るところで、本文には――

揚屋の昼をつとめ、身仕舞《みじまい》に帰るに、対《つい》の禿《かぶろ》に三味線を、挟箱《はさみばこ》のごとくにかたげさせて、二行《ぎょう》に先へあゆませ、其《その》身は道中ゆたかに、しれる人にも詞《ことば》かけず、帯胸高《むなだか》にして、身をすえての足取《あしど》り、眠れるほど静かに、位をとって、からくり人形の歩行《ありく》ごとし。

図2『けいせい色三味線』（江島其磧著、元禄14年）国会図書館蔵

――とあり、三味線を肩にかついだふたりは禿、そのあとに太夫。最後の前垂をした女は、監督係の遣手《やりて》である。

昼間、太夫は揚屋で客の男と情交したあと、禿と遣手を引き連れ、妓楼に戻る。その光景がまさに図2である。

なお、揚屋の役割や仕組みなどについては、後述しよう。

さて、図2が掲載された『けいせい色三味線』の刊行は元禄《げんろく》十四年（一七〇一）なので、吉原に太夫が存在した時代である。絵師は実際に太夫を見たことがあった。つまり、想像だけで描いたのではない。

それにしても、太夫の風俗は素朴といおうか、質素といおうか。

同じ太夫を描きながら、図2と図1の落

差は、いったい何なのだろうか。

一般に平和な社会であれば衣食住など、人々の生活水準は徐々に向上していく。図2と図1のあいだは、およそ百年以上のへだたりがある。

現在ほど変化は速くなかったにせよ、江戸時代も天下泰平が続いただけに、約百年たてば、衣食住の水準は確実に向上していたはずである。

図2が描かれた時代（元禄）より、図1が描かれた時代（寛政〜文化・文政）の方がはるかに華美で、贅沢になっていた。

つまり、
図2の太夫は、絵師が実際に見た、ほぼ実像
図1の太夫は、図2のおよそ百年後に、絵師が想像で描いた虚像
ということになろう。

図1にかぎらず、後世に描かれた太夫ほど、そのいでたちは豪奢《ごうしゃ》になっている。みな、自分が生きた時代の花魁の姿を過去に反映させて、想像で太夫を描いていたのである。

もうひとつには、出版文化の発展があろう。

江戸時代初期には墨一色だった浮世絵は、後期になると多色刷りの錦絵《にしきえ》にまで発展した。図1は錦絵なので実際には多色刷り（カバーの絵参照）。図2はもともと墨一

色である。

つまり、もはや太夫がいない時代になってから、太夫は極彩色の錦絵に描かれ、「昔の太夫はすごかった」というイメージを形成したのである。

実際の太夫は、図2のような姿だった。

江戸の人々ですら、太夫を過大評価していたといえよう。太夫は江戸時代後期、すでに吉原伝説になっていた。

なお、太夫が廃止された背景については後述する。

○元吉原の実像

吉原は元和四年（一六一八、二代将軍秀忠の時）に営業を開始し、昭和三十三年（一九五八）に営業を終了した。遊廓《ゆうかく》として、じつに三百四十年ものあいだ続いたことになる。

ただし、その長い歴史において一度、移転している。

元和四年に開業したとき、遊廓の場所は現在の東京都中央区日本橋人形町のあたりだった。

中央区日本橋人形町という地名に、

「え、そんな江戸のど真ん中に遊廓が……」

と思いがちだが、それは現在の地理感覚である。

当時、遊廓がひらかれた場所は湿地帯で、葭《よし》（葦《あし》に同じ）が茂っていた。まさに葭原だ

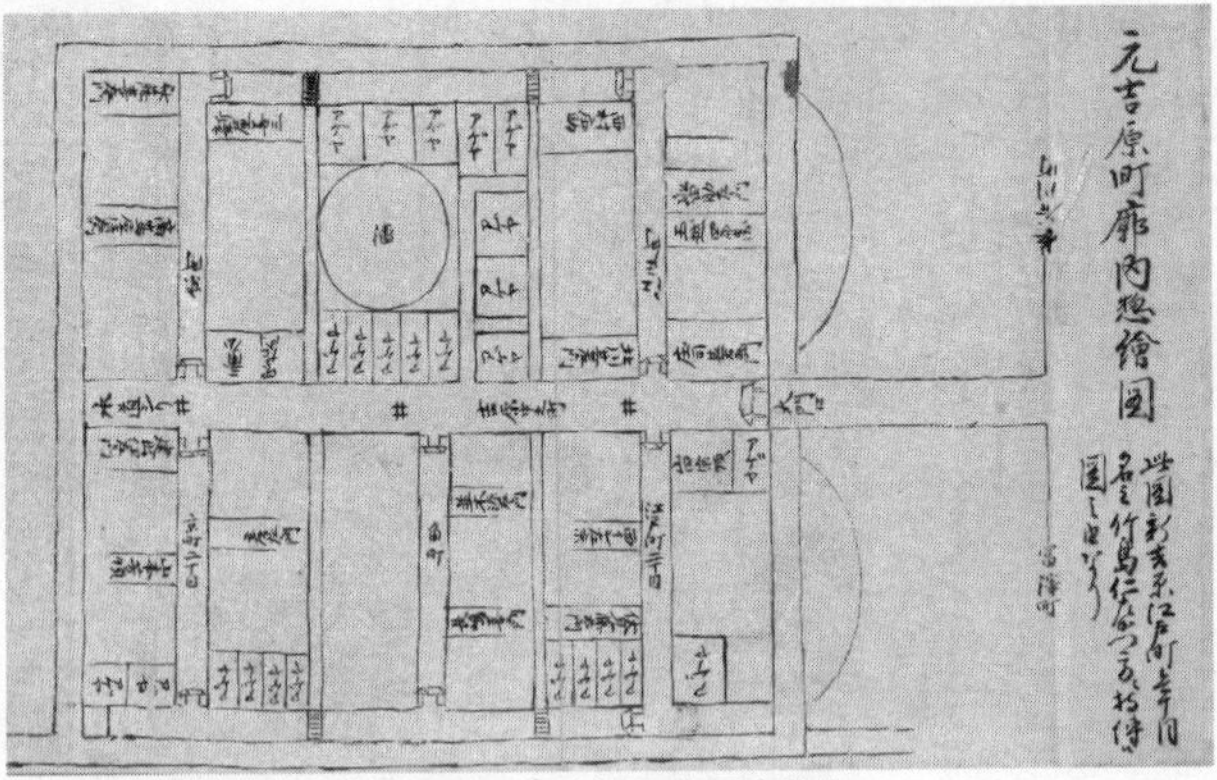

図1『吉原考証』（中村仏庵編、写本）国会図書館蔵

ったのである。その後、縁起をかついで吉原と表記するようになったという説がある。

つまり、当時の江戸の町はまだ小さかった。吉原は郊外に開かれたといってよい。

ところが、およそ四十年後、幕府は遊廓を移転するよう命じた。そして、移転先として決まったのが、浅草《あさくさ》の浅草寺《せんそうじ》の裏手にあたる辺鄙《へんぴ》な千束村《せんぞく》、現在の台東区千束四丁目である。

移転の理由は、江戸の発展につれて町が拡大したため、繁華な地に遊廓があるのは好ましくないということだった。

実態は、湿地帯を民間業者に開発させ、市街地として完成したところで奪ったといってもよかろう。

かくして、吉原遊廓は辺鄙な千束村に移転し、明暦《めいれき》三年（一六五七）から営業を開始した。

このため当初の吉原は元吉原《もとよしわら》、移転後の吉原は新吉原だが、普通、吉原といえば新吉原のことである。

本稿でも、元吉原と吉原に区別し、特別な事情がないかぎり新吉原とは表記しない。

さて、三百四十年もの吉原の歴史のなかで、元吉原の時代はわずか約四十年でしかない。また、元吉原の史料もほとんど残っていない。

その大きな理由のひとつが、明暦の大火であろう。明暦三年に起きたこの火災で、江戸城の本丸はじめ江戸の町のほとんどが焼失し、もちろん元吉原も灰燼《かいじん》に帰した。このとき、資料は焼失してしまったのであろう。

なお、明暦の大火が原因で吉原は移転したわけではない。移転そのものは、明暦の大火以前に決まっていた。

余談だが、将来、日本橋人形町の一帯で大規模な再開発がおこなわれたら、おそらく元吉原の遺構が発掘されるのではあるまいか。

図1は、元吉原の図である。

さて、元吉原の様子を伝えるほとんど唯一の史料といってもよいのが、『あづま物語』（寛永十九年）である。刊行年の寛永《かんえい》十九年（一六四二、三代将軍家光の時）は、まさに元吉原の時代である。

図2と図3は『あづま物語』のなかの挿絵だが、絵師は元吉原を実際に見て描いていた。つまり、後世の絵師が想像で描いたものではない。

絵を見てすぐに気づくのは、遊女の風俗が質素で素朴なことであろう。

図2には、かふろ（禿）、太夫、やりて（遣手）、けんぶつ人（見物人）、ところの人（所の人）、あつまおとこ（東男）が描かれている。

図3は宴席で、あつまおとこ、かふろ、やりて、そして背後に大勢の遊女が描かれている。

図2『あづま物語』（写本）国会図書館蔵

元吉原の時代は、江戸時代の初期である。遊廓だけに、元吉原の遊女の衣食住は、庶民からすれば華美で贅沢に映ったはずである。ところが、そのありさまは図2や図3の通りだった。

つまりは、当時の人々の生活水準がいかに低かったかということであろう。社会全体が貧しかった。

図4は、風俗を考証した『骨董集』(山東京伝著)の絵である。『骨董集』は文化十年(一八一三)の脱稿だが、この絵は『私可多咄《しかたはなし》』(万治二年)から模写したもの。つまり、元の絵は元吉原《もとよしはら》時代の絵師が描いていた。

同書に、「旧吉原の雨中《うちゅう》のさま」として——

むかしむかし江戸のうかれめは葭原《よしはら》といふ所にすむ也。此処《このところ》の遊君《ゆうくん》は、雨ふる時あるは道あしきには、ろくろなはなどおびにしたる奴《やっこ》のせなかに負《おはれ》て、ゆきかふありさまいと興あれば……

とあり、元吉原時代、雨のときなど、遊女は若い者に背負われて、妓楼から揚屋に向かっていたのである。

それにしても、遊女の質朴さがわかろう。

図3『あづま物語』（写本）国会図書館蔵

図4『骨董集』（山東京伝著、文化10年）国会図書館蔵

現代人が目にする吉原の遊女は、浮世絵や錦絵に描かれたものである。つまり、ほとんどは江戸時代後期の吉原の風俗である。そんな風俗を見慣れた目で見ると、元吉原の時代はじつに素朴だった。

参考のため、図5に吉原の三百年を示した。

『あづま物語』に、元吉原の遊女の人数が出ている。

太夫　七十五人
格子　三十一人

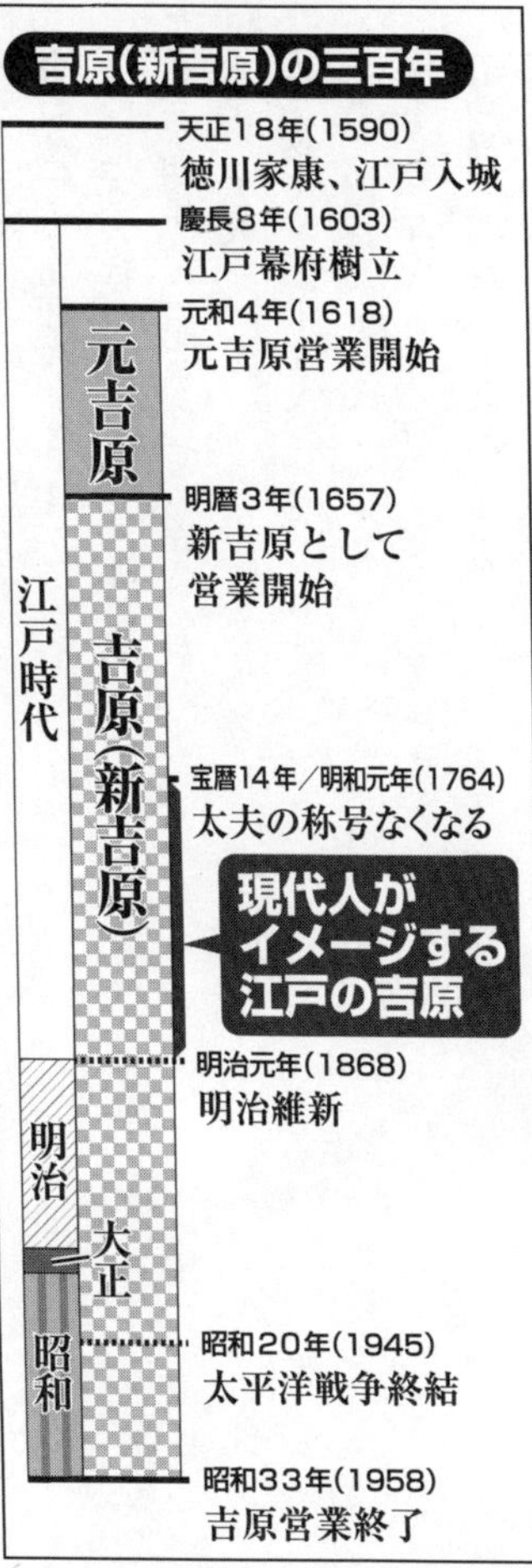

図5

端　八百八十一人
合わせて、九百八十七人である。
いっぽう、移転後の吉原（新吉原）の遊女の人数が、戯作『けいせい色三味線』（元禄十四年）に記されている。
太夫　五人
太夫格子　九十九人
三茶　四百九十三人
梅茶　二百八十人
五寸局　四百二十六人
三寸局　四十四人
並局　四百人余
合わせて千七百五十人余である。
千束村に移転してからのほうが遊女の人数は増え、階級も細分化している。移転後、吉原はさらに繁栄したことになろう。
その理由は、泊りができるようになったことが大きい。夜の遊びが可能になったのである。
元吉原では泊りは禁止されており、客は昼遊びしかできなかったのだ。

現代で考えても、昼間だけ営業し、夕方には閉店してしまう風俗店では、行く客はおのずと限定されてしまう。風俗店の客は、日が暮れてからの方が圧倒的に多い。

千束村に移転後、吉原は江戸唯一の遊廓として、繁栄を謳歌した。昼間も夜も、多くの男が詰めかけた。とくに夜の吉原はまさに不夜城だった。

そして、元禄期（一六八八〜一七〇四、五代将軍綱吉の時）には、吉原は全盛を迎える。

ただし、全盛期の吉原の遊び方は、現代人がテレビ・映画の時代劇や時代小説で馴染みのある吉原とはかなり違っていたのだが、それについては後述しよう。

○揚屋の実態

時代小説や、テレビ・映画の時代劇に描かれる吉原では、客の男は妓楼にあがり、そこで遊女と対面し、場合によっては酒宴を楽しみ、そして床入りとなる。

ところが、江戸時代に限っても、吉原の歴史は二百五十年あるが、右記のように妓楼で客と遊女が床入りする仕組みは後半の約百年でしかない。前半のおよそ百五十年間は、実際には揚屋《あげや》で遊興するという仕組みだった。

次に、くわしく述べよう。

元和四年（一六一八）の開業からおよそ四十年間の元吉原時代を通じて、さらに明暦三年（一六五七）に千束村に移転してからも、宝暦《ほうれき》十年（一七六〇）まで、およそ百五十年にわたって、吉原には揚屋制度があった。

揚屋は、客と上級遊女の遊興の場所である。

つまり、客は直接妓楼にあがることはせず、揚屋という、妓楼とは別な場所で遊興する制度だった。

もちろん、妓楼はあったが、あくまで遊女の生活の場だった。客はまず揚屋にあがり、妓楼から遊女を呼び寄せる仕組みだったのである。

客と遊女が対面するのも、酒宴をするのも、床入りするのも、すべて揚屋だった。

なお、揚屋を利用したのは太夫や太夫格子などの上級遊女であり、下級遊女は妓楼で客と同衾《どうきん》した。

図1は標題に「あげや行」とあり、遊女が妓楼から揚屋に行くところである。絵師は菱川師宣《ひしかわもろのぶ》で、『吉原恋の道引』の刊行年の延宝《えんぽう》六年（一六七八）は、吉原に揚屋制度があったころである。

師宣も当然、吉原で遊んでいたろう。少なくとも、吉原に足を踏み入れたことはあったはずである。図1はもちろん、次の図2も、実地の見聞を踏まえて、正確に描いていると見てよい。

図2は揚屋の台所の光景である。料理人は鯛《たい》を調理しているが、客に出す料理であろう。客と遊女が酒宴をする

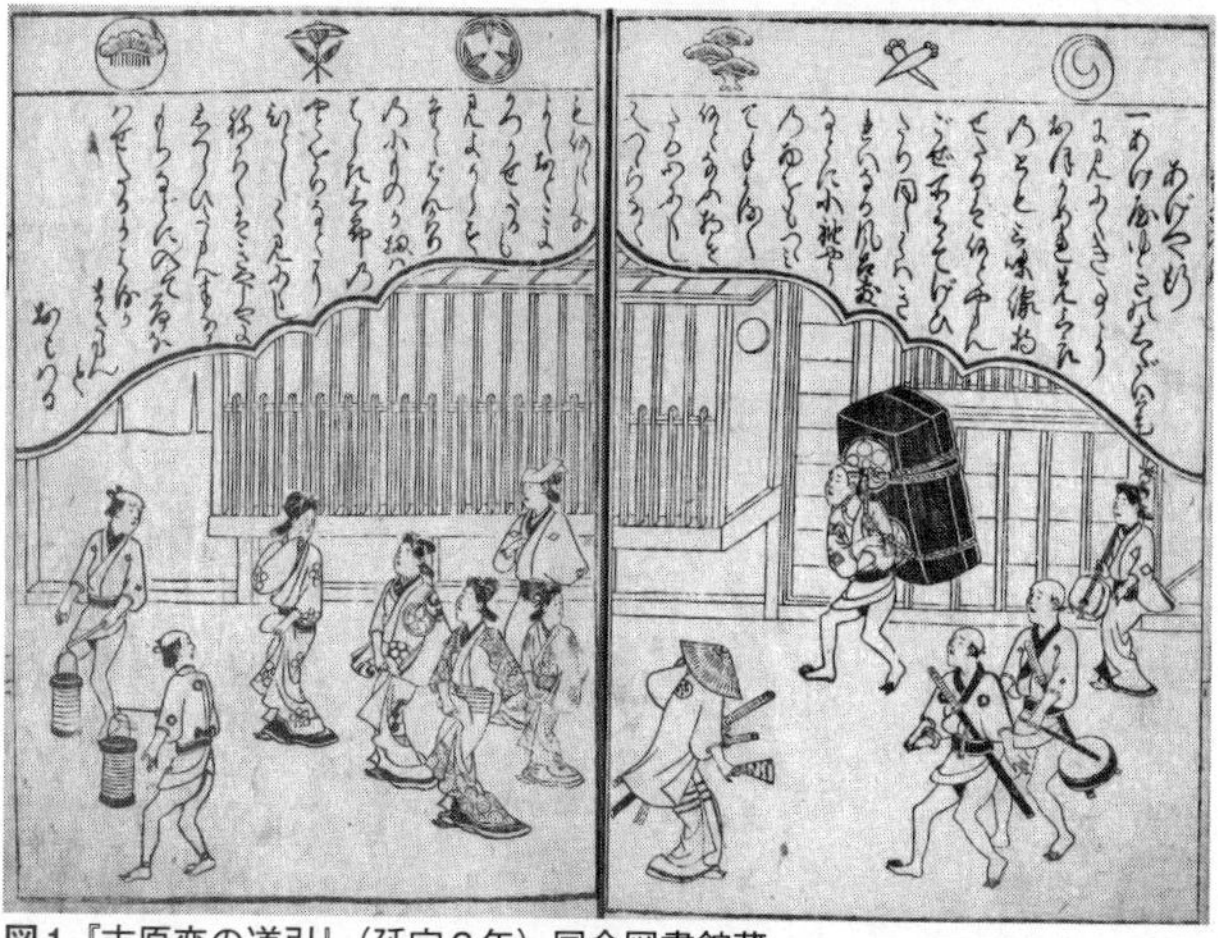

図1『吉原恋の道引』（延宝6年）国会図書館蔵

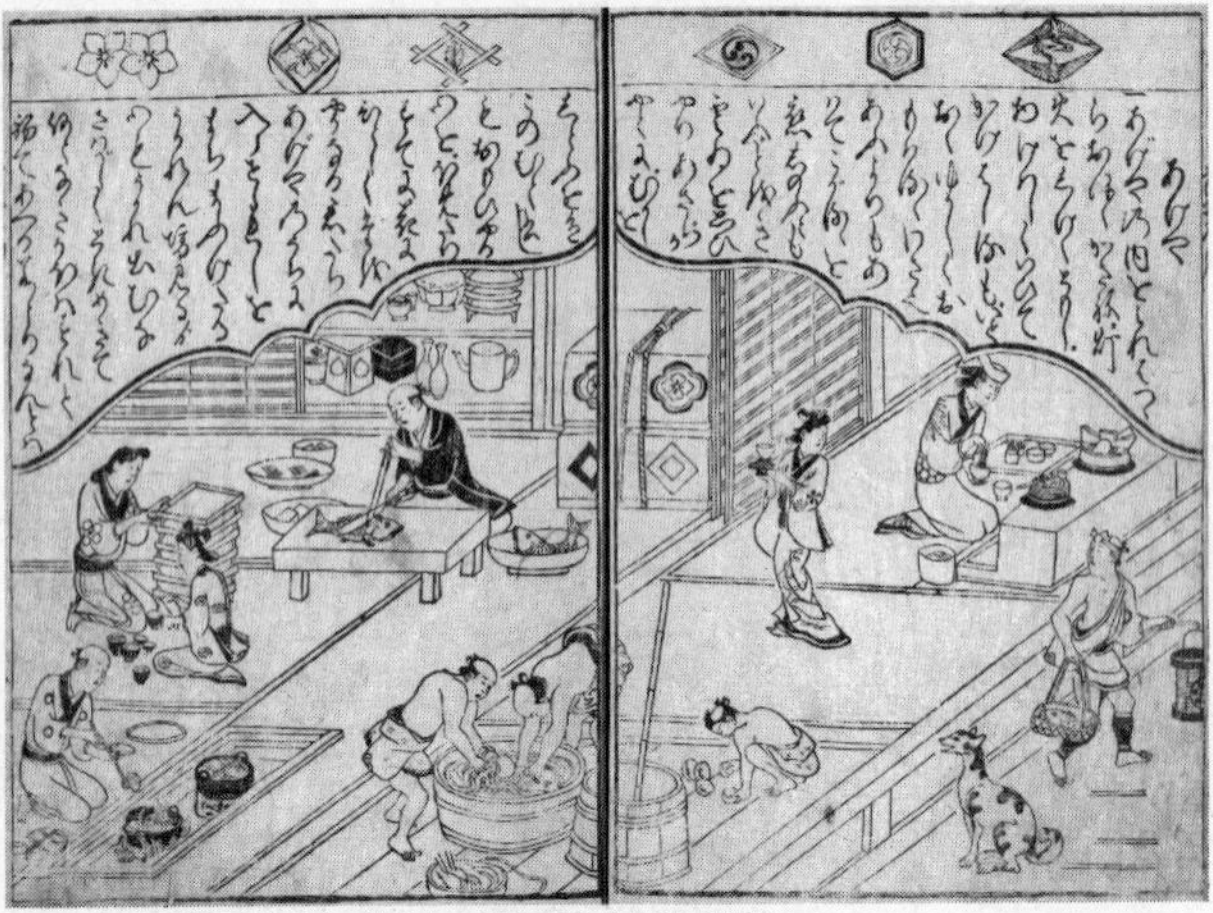

図2『吉原恋の道引』（延宝6年）国会図書館蔵

ため、揚屋の台所は忙しい。贅沢な食材がふんだんに用いられた。

いっぽう、この時代の妓楼の内部を描いた絵はないが、遊女が生活しているだけで、客をあげて同衾するのは下級遊女だから当然、建物は安普請《やすぶしん》で、台所も狭かったろう。

さて、紀文《きぶん》（紀伊国屋文左衛門）と奈良茂《ならも》（奈良屋茂左衛門）の豪遊は伝説化している。

風俗を考証した『近世奇跡考』（山東京伝著、文化元年）に次のようなエピソードがある。

紀文は揚屋「泉屋」で、枡《ます》に小粒金《こつぶきん》（一分金）を入れて、豆まきをした。

一分は、一両の四分の一である。現在の価格で、二万五千円くらいだろうか。

また、『吉原雑話』には、次のようなエピソードがある。

奈良茂が友人と連れ立って吉原に行くことになったが、手土産として供に持たせたのは蕎麦《そば》二箱だけである。友人があまりに少ないと思い、途中の蕎麦屋であつらえようとしたが、どこも品切れだった。

じつは、奈良茂は前もって吉原はもとより、近隣の蕎麦屋ですべて蕎麦を買い占めていたのだ。

紀文と奈良茂が豪遊した時代の吉原は揚屋制度があった。ふたりは揚屋で豪遊したのである。

図3は、揚屋の遊興の光景である。戯作『好色二代男』の刊行年である貞享《じょうきょう》元年（一六八四）は、揚屋制度があった時代。その時代の絵師が描いているので、揚屋や遊女の様子は写実といってよい。

では、この揚屋制度は、なぜ廃止されたのか。

ここで、現在の風俗産業との対比で考えてみよう。

図3『好色二代男』（井原西鶴著、貞享元年）国会図書館蔵

客が妓楼にあがり、そこで遊女と床入りする――これは現在のハコモノの風俗店といえよう。

いっぽう、客が妓楼から遊女を揚屋に呼び出し、床入りする――これはデリヘル（デリバリーヘルス）システムに近い。妓楼は風俗嬢の独身寮兼事務所、揚屋はラブホテルに相当する。

さて、近年、風営法の改変にともない、風俗産業ではハコモノが激減し、デリヘルが増加している。ハコモノからデリヘルへの移行である。

ところが、江戸時代の吉原はまったく逆で、前半の百五十年はデリヘル制、後半の百年はハコモノ制だった。デリヘル制からハコモノ制に移行したのである。

その理由は、バブル崩壊といってよかろう。

吉原は元禄期《げんろく》（一六八八〜一七〇四）、繁栄のピークを迎えた。大名などの上級武士、紀文や奈良茂などの豪商が湯水の如く金をばらまき、まさにバブル景気を謳歌《おうか》した。

だが、バブルはいつまでも続かない。

江戸町《えどちょう》一丁目の妓楼・結城屋《ゆうき》の楼主の著とされる『吉原徒然草《よしわらつれづれぐさ》』（元禄末〜宝永初）に、吉原の景気について──

今時《いまどき》は、れきれきやんごとなき衆中《しゅうちゅう》も見へ給《たま》はねば、

──とあり、元禄のバブルがはじけるや、歴々の武士や豪商などの足が途絶えたのである。

また、『御町中御法度御穿鑿遊女諸事出入書留』に、正徳二年（一七一二）九月、吉原の名主が連名で町奉行所に──

新吉原殊之外《ことのほか》衰微仕《つかまつり》、迷惑に奉《ぞんじたてまつり》ㇾ存候、

──という理由で、岡場所などを取り締まってほしいと嘆願した文書が収められている。

正徳二年はバブル崩壊後である。吉原は客足が落ちて苦しいので、商売敵《がたき》の岡場所を取り締まってくれ、という要望だった。岡場所は非合法の遊里だが、公然と営業していた。

さらに享保五年（一七二〇）二月にも、吉原の名主は町奉行所に対し、妓楼のなかには──

身体《しんだい》をつぶし、所を退候《しりぞきそうろう》者多く、

──と、廃業する妓楼が続出する窮状を述べ、岡場所などを取り締まるよう訴えている。

バブル崩壊後、吉原は不況の泥沼におちいっていたのがわかる。

吉原の妓楼は規制強化による商売敵の駆逐を目論んだが、町奉行所の腰は重い。

そこで、吉原が起死回生の策として断行したのが、遊興システムの簡素化だった。

つまり、客にとって負担の大きい揚屋制度を廃止し、デリヘル制からハコモノ制へ転換したのである。

この転換は、宝暦期（一七五一～六四）に進行した。九代将軍家重《いえしげ》の末期から十代将軍家治《いえはる》の初期にかけてである。この時期に、揚屋は次々と廃業し、最高位の遊女の称号である太夫も廃止された。

戯作『郭中掃除雑編』（福輪道人著、安永六年）に――

この里《さと》、往古《おうこ》の全盛は言うまでもなし。二十四、五年以前までは太夫格子《たゆうこうし》という者ありて、揚屋に遊び、さばかりの繁栄なりしが、二十年このかた、いつとなく物淋《ものさみ》しくなり、太夫格子も次第に売れず、揚屋もしたがって亡びたり。

――とある。「里」は吉原のこと。同書の刊行年である安永六年（一七七七）の二十五年前は、宝暦二年である。

また、『新吉原細見記考』（加藤雀庵著、天保十四年）に、次のような記述がある。

宝暦十年（一七六〇）に最後の揚屋「尾張屋」が廃業した。この尾張屋は万治《まんじ》元年（一六五八）の開業で、およそ百十年続いた、揚屋の名家だった。

かくして、宝暦年間以降、客は妓楼にあがり、遊女と床入りする、ハコモノ制になった。

また、ハコモノ制への転換にともない、従来は簡素だった妓楼の造りは豪壮になっていった。

現代人が浮世絵・錦絵や春画、戯作の挿絵で目にする吉原の妓楼は、すべてハコモノ制になってからの建物や装飾である。

いや、江戸の人々ですら、とくに江戸時代後期の人々になると、かつて吉原には揚屋制があったことを忘れていた。

第二章　大門の中の実態

○大門

第一章は宝暦期（一七五一〜六四）までの吉原について述べたが、第二章以降では、宝暦期以降の吉原を対象にしていく。

宝暦期以降の吉原こそ、現在、時代小説やテレビ・映画の時代劇で描かれている吉原といってよい。つまり、現代人が漠然と想像している、あるいは思い浮かべる吉原といえるであろう。その舞台裏を見ていきたい。

図1は、宝暦期以降の吉原の地図である。幕末まで基本的に同じと見てよい。

さて、大門《おおもん》は、堀と板塀で囲まれた吉原の、唯一の出入り口である。

遊廓を堀で囲み、大門を唯一の出入り口にするという構造は、京都の島原《しまばら》遊廓を手本にしていた。

図1に、大門と、日本堤《にほんづつみ》から大門に至る五十間道《ごじっけんみち》が描かれている。

大門の左手にある建物は面番所《めんばんしょ》で、町奉行所の同心と岡っ引が常駐していた。いわば町奉行所の出張所だが、板屋根の小さな建物で、まさに小屋だった。

建前としては、面番所の役割はお尋ね者などが出入りしていないかを監視するというのだが、史料で確認できる限りにおいて、面番所が果たした役割は不明である。面番所の役人が凶悪なお尋ね者を発見し、召し捕ったという記録もない。

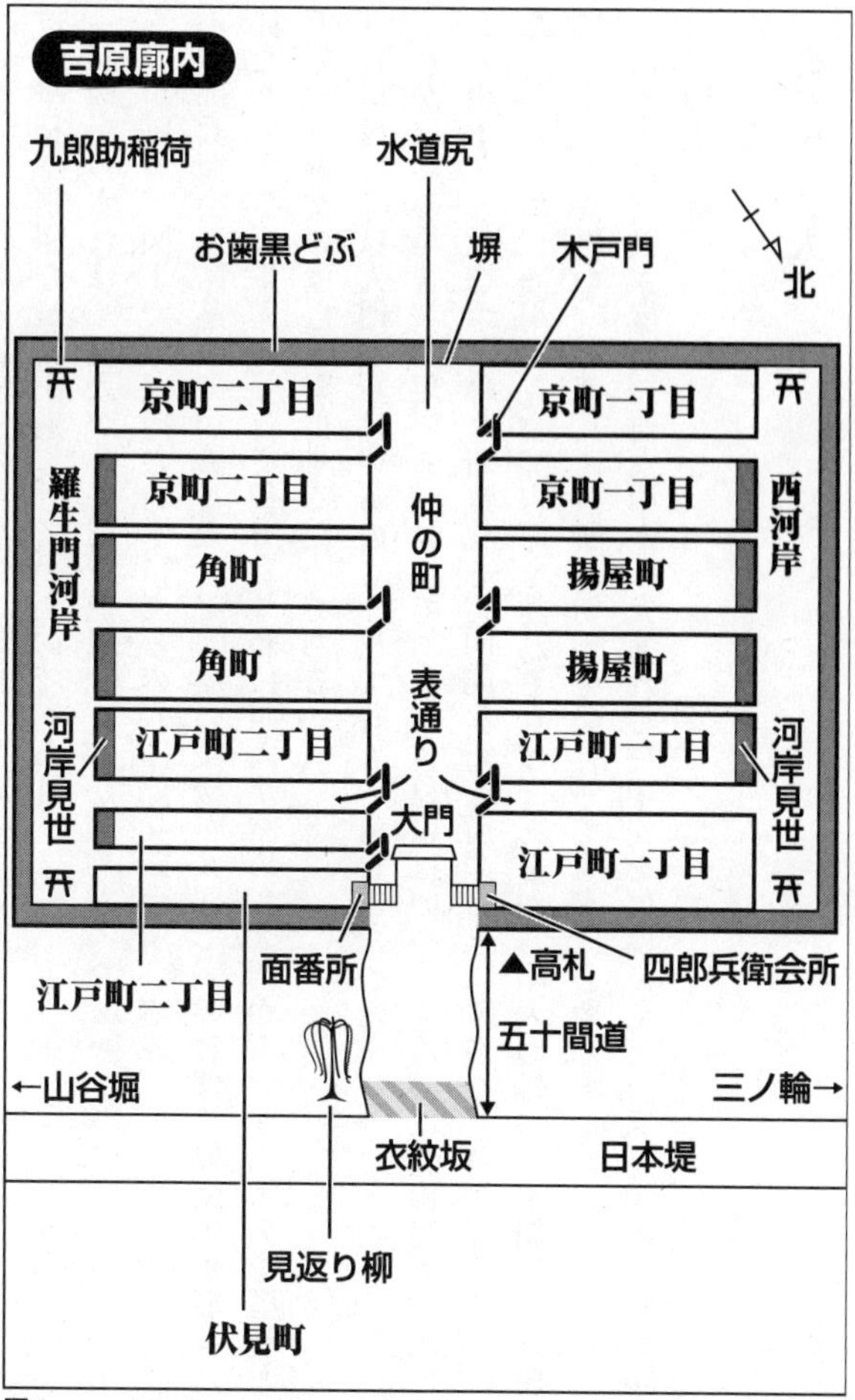
吉原廓内
九郎助稲荷
水道尻
お歯黒どぶ
塀
木戸門
北
京町二丁目
京町一丁目
京町二丁目
京町一丁目
羅生門河岸
西河岸
仲の町
角町
揚屋町
角町
揚屋町
表通り
河岸見世
江戸町二丁目
江戸町一丁目
河岸見世
大門
江戸町一丁目
面番所
▲高札
四郎兵衛会所
江戸町二丁目
五十間道
←山谷堀
三ノ輪→
衣紋坂
日本堤
見返り柳
伏見町

図1

おそらく、面番所に詰めた同心は、妓楼からの持ち回りの供応——酒と肴《さかな》——を受け、平穏で退屈な日々を過ごしていたのであろう。

妓楼からすれば、役人が「平穏で退屈」なのが理想だった。

いっぽう、図1で、大門の右手にあるのが四郎兵衛会所《しろべえかいしょ》（吉原会所）である。四郎兵衛会所に詰めている番人は、吉原の妓楼が共同で、いわば業界団体が雇った男たちである。番人は昼夜交代で、つねに四人が詰め、大門から女が出るのを監視していた。遊女の逃亡を阻止するためである。

吉原は、男は大門からはいるのも、出て行くのも自由だった。

だが、女の場合、商用であれ見物であれ、吉原にはいってくるのは自由だが、大門から出るときは切手《きって》と称する鑑札を、四郎兵衛会所の番人に渡さなければならなかった。そのため、商用や見物で吉原を訪れる女は、あらかじめ大門外の五十間道の両側にある引手茶屋《ひきてぢゃや》や、四郎兵衛会所で切手を発行してもらう必要があった。

たとえば、武家屋敷の奥女中が六人連れで、中間《ちゅうげん》を供に従えて吉原見物に訪れた場合、切手には、

御女中　六人

と、人数まできちんと書き留めていた。

いっぽう、吉原内に住む芸者や、料理屋の女中などが大門から外に出るときは、あらかじめ番屋や代理役所の茶屋に申し出て、切手を発行してもらった。

戯作『後編吉原談語』（桃園舎犬雉著、文化九年頃）に、吉原見物をした老夫婦と娘が大門を出ようとして、切手を持っていなかったため、番人に止められる場面があり――

番一「切手がなくっちゃぁ、一生、出すことはならねえ。また、案内も知らずはいるとは、こんた衆《し》もずるっこいのだ」

爺「あにがはぁ、わしらぁ切手のこたぁ知らず、観音《かんのん》さまから聞き聞き、来中《きもう》してから、とんだ所へつっぱいて、言い訳もおざりやしねえ。お慈悲でごさらあ。助けて出してくれなさろ」

婆「そんだぁから、おらがやだあと言ったを、おん爺《じ》ぃどん、こんたあ、いい、いけどしをして、じょなめきたちを見物のうすべい気から、いい知ったりぶりをして、おらたちをとんだぁ所へおっぱめたあよ。こらあ、はあ、あんとすべいよ」

娘「一生出されねえと言わっしっちゃあ、うったまげたこんだぁ。人ごみで血道《ちみち》なあぶちあげる。あかりさぁで、こっ恥ずかしく、母《かか》さんなぁ、悲しくござるわよ」

と、泣き出すゆえ、年増の張り番、可哀そうに思いて、
番二「まんざら田舎の衆《し》と見える者を、意地悪く出さねえという理屈にもあたらねえが、これも役目だ。あれ、あそこの会所へ行って、切手をもらってきさっせい」
と教える。

――という具合だった。

切手を持っていないとして、老婆と娘は番人に足止めされてしまった。

遊女が変装して大門から抜け出るのを防ぐための措置だが、見ただけで田舎の老婆と娘とわかるにもかかわらず、番人が杓子定規《しゃくしじょうぎ》な対応をするのは、意地悪半分、からかい半分である。

さすがに年配の番人が同情して、四郎兵衛会所で切手を発行してもらうよう助言した。順序は逆になるが、あくまで規則を遵守するためだった。

老婆と娘はおそまきながら四郎兵衛会所で切手を発行してもらい、それを番人に渡して大門から出ることができた。箱根の関所では、「入鉄炮出女」を監視したとされるが、大門では「出女」のみを監視したことになろう。

図2に、大門が描かれている。にぎわいがわかろう。左手の小さな門は袖門《そでもん》で、大門が閉じたあとでも、袖門から出入りできた。

大門をはいると、図1でわかるように、仲《なか》の町《ちょう》がまっすぐにつらぬいていた。「町」とあるが、仲の町は町ではなく、大通りの名称である。

図2で、大門の内に見える二階建ての建物は、引手茶屋である。

大勢の人が大門を通り抜けるが、こんな混雑のなかにあって、四郎兵衛会所の番人は「出女」を見張っていた。

図2『想合対菅笠』（尾上梅幸著、文政10年）国会図書館蔵

○張見世

大門をくぐって吉原に足を踏み入れた男がまず向かったのが、妓楼の張見世《はりみせ》である。吉原の妓楼は、その規模や格式によって、大見世《おおみせ》・中見世《ちゅうみせ》・小見世《こみせ》に区分されていたが、すべて建物の基本的な構造は同じだった。

妓楼の一階には、通りに面して、張見世という格子《こうし》張りの座敷があり、そこに遊女が居並んでいた。男たちは張見世で、遊女をながめたわけである。

現在、ネット上の風俗店の広告では、所属する風俗嬢を写真で紹介している。直接、店舗に行った場合でも、受付で見せられるのは風俗嬢の写真を載せたアルバムである。

つまり、写真で判断し、相手を決めなければならない。しかし、カメラがデジタル化し、パソコンの能力も向上するのにともない、誰でも写真の修整や加工が簡単にできるようになった。その結果、写真は必ずしも信用できなくなっている。

ところが、江戸時代は、客の男は遊女の顔や姿を自分の目で実際にたしかめることができた。

図1は、張見世の光景である。男たちが格子の前に立ち、遊女を物色している。男たちは格子越しに遊女をながめ、相手を決めた。これを、「見立て」といった。

戯作『娼妓絹籭《しょうぎきぬぶるい》』（山東京伝著、寛政三年）に、勤番武士ふたりが、張見世で遊女

図1『白浪日記』（東里山人著、文政５年）国会図書館蔵

をながめる様子が活写されていて――

甲「見なえ。どれも美しいものでござるの」

乙「なるほど、きれいなものじゃ。こう見たところは、御年始に奥へ出たようでござる」

甲「いかさま。あの、真ん中に柏の定紋《じょうもん》を付けておる女郎は、よい器量ではござらぬか。金田氏の内室《ないしつ》に少し似ておる」

乙「なるほど。いや、こちらの黒い衣裳も、よくござる」

――という具合であり、ふたりの興奮ぶりが伝わってくるようだ。ただし、張見世を、国元で年始の登城をしたときにたとえているのは、藩士として不謹慎かもしれない。

さて、図1では、左手の、暖簾《のれん》のかかっているところが妓楼の入口である。

相手を見立てた男は、入口近くに立っている妓楼の若い者に、

「右から三番目の、いま煙管《きせる》を手にした女」

などと告げればよい。

若い者は遊女をたしかめ、大きな声で、

「染野さん、お支度《したく》〜ぅ」

などと名前を叫び、客の指名があったことを伝えた。

その後は、若い者の案内に従えばよい。遊女との対面も、床入りも、すべて若い者が手配してくれる。

図2は、夜の張見世の光景である。西洋人が描いただけに、リアリズムに徹している。電気がない当時、通りはこのように暗かった。右手

図2『幕末日本図絵』（アンベール編、1870年）国際日本文化研究センター蔵

の、暖簾のかかっているところが入口である。

張見世の中央で白く輝いているのは、吉原独特の大行灯《おおあんどん》である。居並ぶ遊女は中央が中座《なかざ》と言い、その妓楼の筆頭だった。みな顔に白粉《おしろい》を濃く塗り、豪華な衣装を身にまとっているだけに、大行灯の明かりに照らされて、容姿は妖艶に見えたろう。

図1も夜の光景だとしたら、実際には図2のように暗かったはずである。

図3は、夜の張見世の内部の情景で、大きな箱は大行灯。左の遊女が三味線を弾《ひ》いているが、これは清掻《すががき》と呼ばれるお囃子《はやし》で、吉原独特だった。清掻は張見世のあいだじゅう、新造や芸者が交代で弾き続けた。

なお、図1と図2で、多くの男が張見世の遊女をながめているが、ほとんどは冷やかし客だった。

吉原の女郎買いは高くついたため、貧しい庶民は張見世の遊女を見物して楽しむのがせいぜいだった。彼らが実際に女郎買いをするのは、格安の岡場所である。

また、当時は娯楽が少なかったこともあって、男たちにとって吉原見物は一種の娯楽でもあった。吉原をぶらつき、張見世の遊女を格子越しにながめて、おたがいに品評するのが楽しみだったのだ。

明治以降も吉原は続いたが、女性をさらし者にする張見世は人権蹂躙《じゅうりん》であるとの批判を受け、大正五年（一九一六）までに、張見世は廃止になった。

図3『通人いろは短歌』（芝全交著、天明3年）国会図書館蔵

おりしも写真が普及し始めていたことから、吉原の妓楼は張見世に替えて遊女の白黒写真を掲げるようになった。

現代のように簡単に修整や加工はできなかったが、やはり写真師の技量は大きい。角度や光を計算して遊女を魅力的に撮影した。その結果、

「写真と本人が違うじゃないか」

という、客の抗議や苦情は絶えなかったようだ。

○妓楼の入口

吉原の妓楼はすべて二階建てで、二階は遊女と客の空間だった。遊女の部屋は二階にあり、客と遊女が対面するのも、酒宴をひらくのも、遊女と客が床入りするのも、すべて二階である。

一階は、奉公人の仕事と生活の場だった。

図1は、妓楼の内部が描かれている。右側の、暖簾のかかっているところが入口である。暖簾をくぐってなかにはいると、土間になっているのがわかろう。

おりしも、遊女が客の見送りにやってきた。

「また、おいでなんしよ」

などと言って、送り出す。

土間に立って腰を折っているのは若い者である。客の履物《はきもの》をそろえて土間に置き、

「へい、また、お越しくださいませ」

などと、お愛想を言っているのであろう。

図1を見て、すぐに気づき、奇異に感じるのは、二階に通じる階段であろう。入口と逆向きに取り付けられている。

だが、これは絵師の描き間違いではなく、吉原の妓楼に共通する階段の取り付け方

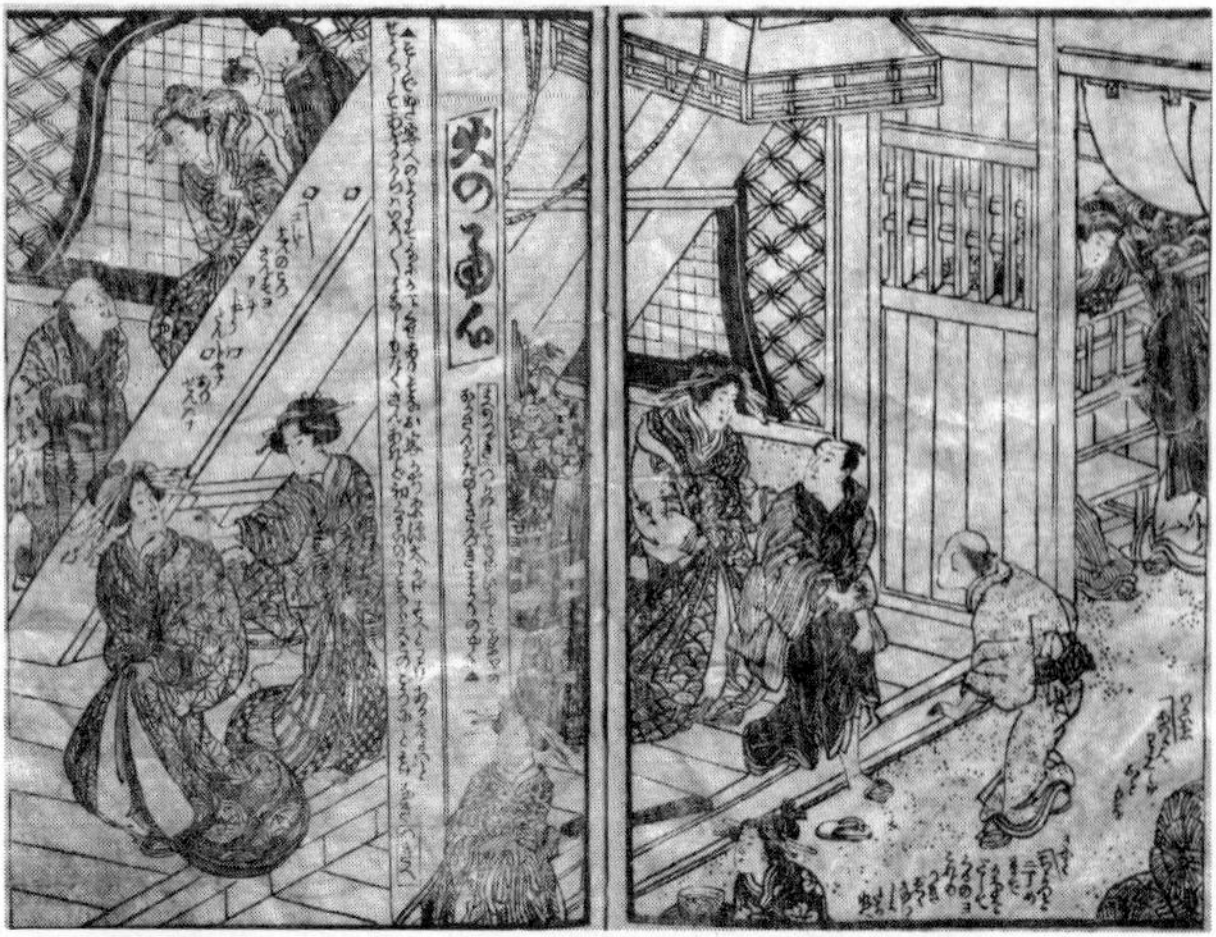

図1『魁浪花梅枝』（東里山人著、文化14年）国会図書館蔵

だった。

図2でも、階段は逆向きに取り付けられているのがわかる。

では、なぜ、こんな奇異な取り付け方をするのだろうか。

おそらく、楼主の居場所である内所《ないしょ》から、階段を昇り降りする人の姿が見えるようにするためと思われる。楼主は内所に座っていて、客や奉公人の動きに目を配っていた。

図2は、妓楼の内側から入口を見通した光景である。三浦屋と染められた暖簾の掛かっているところが入口。

入口をはいると土間だが、土間はそのまま台所に通じているのがわかる。

客が暖簾をくぐって土間にはいると、すぐに台所と、せわし気に立ち働いている料理人や下女の姿が見えたことになろう。

現代の風俗店でいえば、入口をはいると、まずキッチンがあり、そこで従業員のまかないを作っていて、煮炊きをする湯気や匂いが濃厚に立ち込めている状況になろうか。客にそんな舞台裏の光景を見せるなど、現代ではとうてい考えられない。

だが、一階に台所があり、その様子が客に丸見えなのは、吉原の妓楼に共通する構造だった。

大見世ともなると、遊女と各種の奉公人など、その人数は百人前後にもなった。惣菜は粗末とはいえ、日々のまかない料理の量は膨大だった。さらに、客に出す料理もある。酒の燗《かん》もしなければならない。

妓楼の台所は多忙だった。その様子を、入口を出入りする客にすべて見せていたわけで

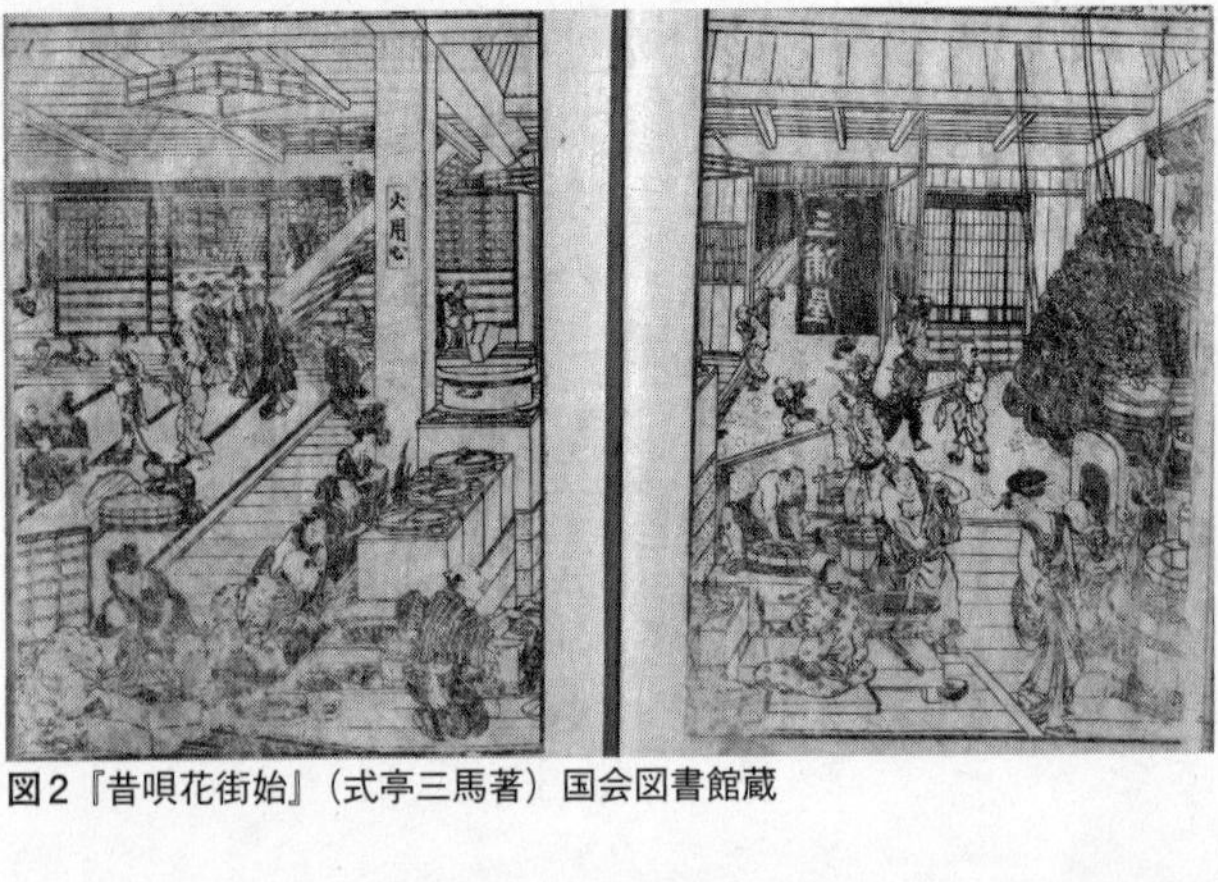

図2『昔唄花街始』（式亭三馬著）国会図書館蔵

ある。

ただし、宴席に出す豪華な料理は、台屋《だいや》と呼ばれる仕出料理屋から取り寄せるのが普通だった。

図3は、妓楼の入口の土間で、行商の魚屋が持参した魚を売り込み、料理番が見分しているところである。これも、客が出入りするそばでおこなっていた。

右手では、禿《かむろ》が髪結に髪を結ってもらっている。禿の髪結は男だった。また、まくり上げられているのは、入口の暖簾である。

なお、図3の魚屋と、上料理番文介のやり取りは、戯作『錦之裏』（山東京伝著、寛政三年）の本文によると次の通りである。図3には見えないが、そばには楼主の喜左衛門も、下料理番の源七もいるようだ――

魚屋「こりゃ、おめえさん、いい鯵《あじ》でござります。生麦《なまむぎ》でなくっちゃあ、こんな丈《たけ》長《なが》はとれません」

喜左「文介、吸い物魚はそれでいいか」

文介「はい、この生貝《なまがい》はみんな女貝《めがい》だのう。こいつぁあ、いい地鮃《じびらめ》だ」

魚屋「いい魚《いお》でござります」

源七「旦那さん、海鼠《なまこ》もちっとお取んなさりまし」

図３『錦之裏』（山東京伝著、寛政３年）国会図書館蔵

魚屋「この海鼠は榎堂《えのきどう》でござります」

文介「車を、もちっと入れさっせえ」

喜左「なぜ魚《いお》がありながら、そねえに高いのう」

魚屋「時化《しけ》のあげくでござりますから、安くござりません」

――と、魚屋は時化の影響で値段が高いのだと力説している。

「生麦」は、現在の神奈川県横浜市鶴見区。「女貝」は、鮑《あわび》の一種。「榎堂」は、現在の神奈川県横須賀市。「車」は車海老のこと。

三浦半島の沖あたりから江戸に魚介類が運ばれてきていたのがわかる。

料理番の文介と源七が魚屋から仕入れる場面に、楼主の喜左衛門が顔を出しているることになるが、これは監視の意味もあったろう。つまり、料理番が支払いの一部をごまかし、着服するのを警戒していたのである。

○内所から管理

吉原の妓楼はすべて二階建てで、中庭をぐるりと囲む構造になっていた。その様子が、図1でわかる。この構造は、べつにデザインに凝ったからではない。

妓楼の建物は広壮だったが、当時は電気がなかったため、外窓に面した部屋以外、奥まった場所は昼間でも暗かった。そこで、できるだけ外光を採り入れるため、中庭を囲むような構造にしたのである。

さて、楼主の居場所を内所《ないしょ》（内証とも書く）といい、妓楼の一階にあった。

図2は、内所で、楼主の女房が女

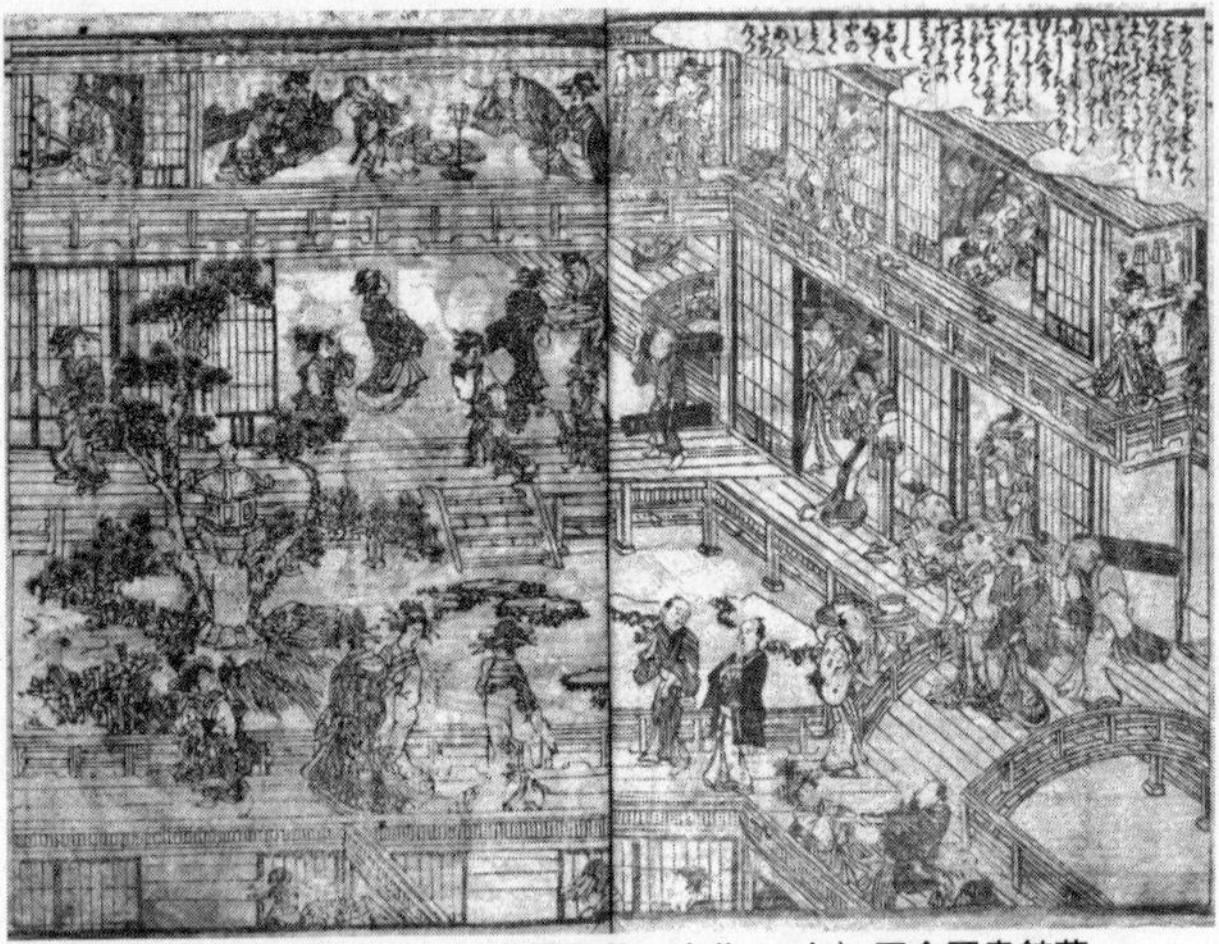

図1『伊達摸模紅葉襠衣』（橋本徳瓶著、文化12年）国会図書館蔵

図2『絵本時世粧』（享和2年）国会図書館蔵

に肩をもませているところである。たまたま楼主が外出したときなどは、内所には女房が座った。けっして内所を不在にはしなかったのである。

図2でもわかるように、内所からは一階のすべてを見通せた。

楼主は内所に座り、遊女や奉公人一同の動き、客の出入りなどに目を配っていたわけである。

図3も内所の光景だが、楼主の背後の棚に、勃起した陰茎をかたどった物が祀《まつ》られているのがわかる。これは金精神《こんせいじん》と呼ばれるもので、いわば妓楼の守り神だった。

金精神は男根に似た自然石や、石や木で作った男根を祀ったもの。妓楼や芸者置屋、料理屋などは商売繁盛を願って、

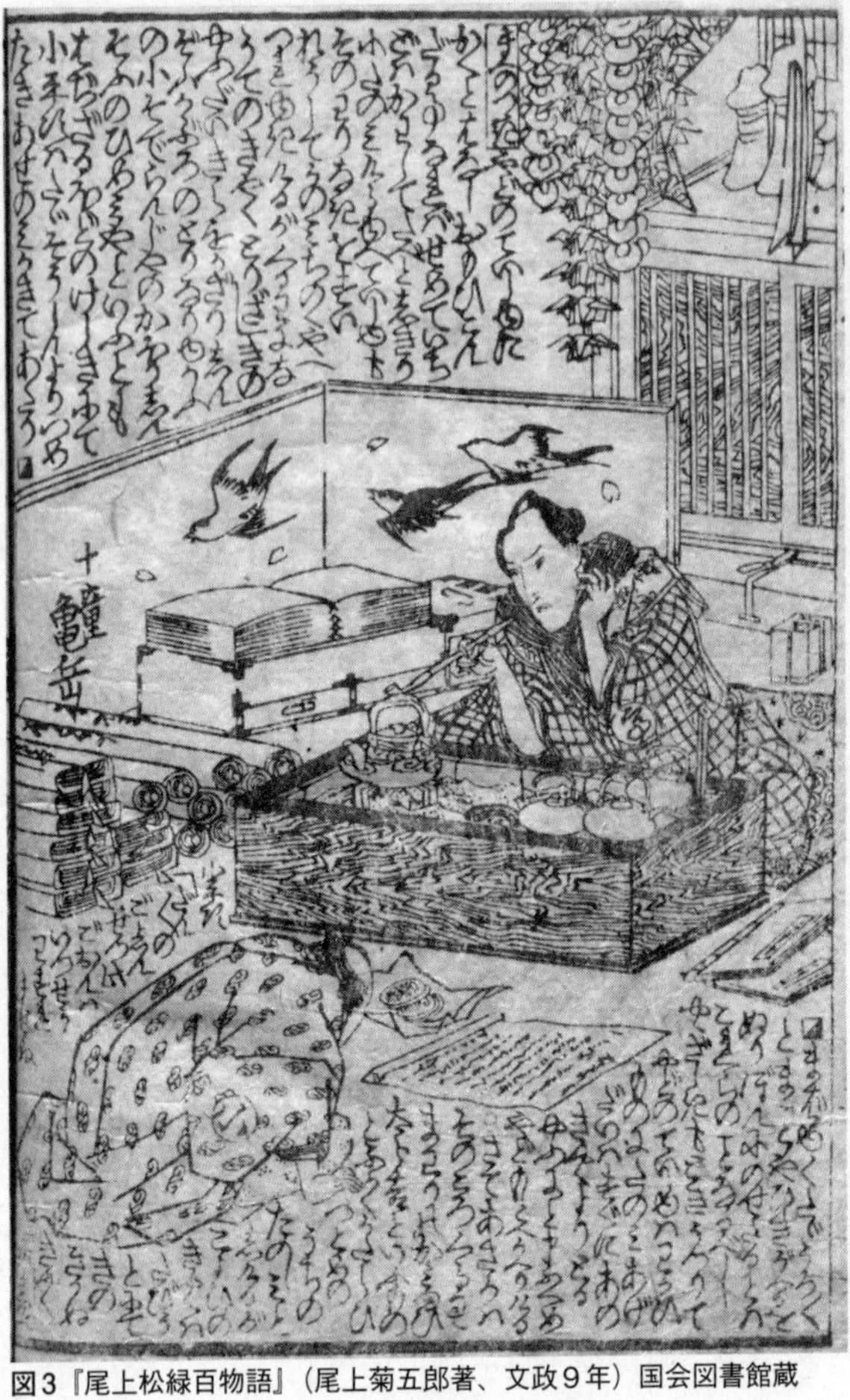

図3『尾上松緑百物語』（尾上菊五郎著、文政９年）国会図書館蔵

張子作りの金精神を祀った。

妓楼では楼主夫婦はもちろん、遊女などの奉公人一同も、金精神に手を合わせて祈った。

ところで、『譚海《たんかい》』（津村淙庵著、寛政七年）に、次のような話が出ている。

吉原の大文字屋の楼主市兵衛が安永七年（一七七八）の冬、神田岩槻町にある屋敷を千二百両で買い取ることになり、手付金として二百両を渡した。

売主が名主に届け出たところ、楼主に土地を売ることはまかりならぬと言い渡された。やむなく、売主は市兵衛に契約の破棄を申し出た。

市兵衛は納得せず、名主の不当を町奉行所に訴え出た。

ところが、町奉行所の裁決は、女郎屋（妓楼）の楼主は賎業《せんぎょう》であり、その賎《いや》しい身分をわきまえず、江戸城の近くに土地を買うなど、「甚《はなは》だ不届き至極《しごく》」というものだった。

吉原の楼主は、表立っては江戸市中に土地を取得することもできなかった。その社会的身分は低く、楼主は俗に忘八《ぼうはち》と呼ばれた。忘八とは、

仁・義・礼・智・忠・信・孝・悌

の八つの徳を忘れた人非人《にんぴにん》という意味である。まともな人間とみなされていなかったことになろう。

『世事見聞録』（武陽隠士著、文化十三年）は、遊女の境遇には同情を示しているが──

ただ憎むべきものはかの亡八と唱《とな》ふる売女《ばいじょ》業体のものなり。天道に背《そむ》き、人道に背きたる業体にて、およそ人間にあらず。畜生同然の仕業《しわざ》、憎むに余りあるものなり。

──と、あからさまに楼主を痛罵している。もちろん、背景には著者の身分意識があるのを忘れてはなるまい。著者の武陽隠士は旗本と見られている。

このように、楼主は社会的にさげすまれる存在だったが、実際には多くの人が、その楼主が経営する妓楼で遊んでいたのである。少なくとも、楼主がいなければ妓楼は成り立たなかった。

楼主は忘八と呼ばれ、社会的な地位は低かったと先述したが、吉原でも大見世と呼ばれるような大きな妓楼では、遊女と奉公人を合わせると大所帯だった。さらに、日夜、多くの客が出入りするし、いろいろな悶着も多い。

楼主にかなりの経営手腕と管理能力がなければ、妓楼はとうていやっていけなかった。

また、楼主のなかには教養人もいた。

京町《きょうまち》一丁目の大見世「大文字屋」の二代目楼主は、狂名を加保茶元成《かぼちゃのもとなり》といい、狂歌の吉原連《よしわられん》の指導者で、四方赤良《よものあから》（大田南畝）とも交流があった。

『吾妻曲狂歌文庫』（宿屋飯盛編、天明六年）に、大文字屋の遊女はた巻の作として、次の狂歌が掲載されている。

天の戸もしばしなあけそきぬきぬのこのあかつきをとこやみにして

「天の戸」は、「天の岩戸」。「とこやみ」は「常闇」と「床」をかけている。いかにも遊女らしい内容といえよう。はた巻が狂歌に取り組んだのは、楼主の影響を受けたのだろうか。

いっぽう、江戸町《えどちょう》一丁目の大見世「扇屋」の楼主は、俳名を墨河《ぼくが》という俳人で、山東京伝と親しかった。

『蛛の糸巻』（山東京山著）によると、扇屋の全盛は天明《てんめい》期（一七八一～八九）で、遊女と各種奉公人合わせて百人ほどを抱えていたという。しかも、すべて住み込みである。俳人墨河の、楼主としての経営手腕が並々ではなかったことがわかろう。

四国の道後温泉にあった女郎屋の楼主が書いたと見られる『おさめかまいじょう』（宝暦九年）に、楼主の心得として——

商いはんじょうは、一に、男衆をして喜ばす事に尽きるなり。然《しか》れども、その基《もとい》は、おなごをして、いろいろ習わしめ、丈夫に長持ちさせるに尽きるなり。

——とあり、女郎屋商売は客の男を性的、気分的に喜ばせるに尽きる。そのためには、遊女に性技をはじめ手練手管《てれんてくだ》を教え込み、元気で長持ちしてもらわねばならない、と。

四国の女郎屋と吉原の妓楼の違いはあっても、商売の基本は同じであろう。

○花魁の部屋と教養

図1は、妓楼の二階を描いている。この図からも、中庭があるのがわかろう。廊下には多くの遊女が行き交い、若い者が客を案内している。右側の禿《かむろ》は、花魁に手紙を届けているようだ。また、すでに酒宴をして盛りあがっている座敷もある。まさに、妓楼のにぎわいといえよう。

吉原の遊女は宝暦期（一七五一～六四）以降、上級遊女の花魁《おいらん》と、下級遊女の新造《しんぞう》に大別されたことを先述した。相撲でいえば、幕内と幕下のようなものである。ただし、幕内でも階級があるように、花魁にも階級があった。

同じ花魁でも、

呼出《よびだ》し昼三《ちゅうさん》　自室と、客を迎える部屋を持つ
昼三　自室と、客を迎える部屋を持つ
座敷持　自室と、客を迎える部屋を持つ
部屋持　自室を持ち、そこに客も迎える

に分かれており、とくに最上級の「呼出し昼三」はどの妓楼にもいるわけではなく、

図1『筆始清書冊史』（文尚堂虎円著、文化15年）国会図書館蔵

特別の存在だった。

呼出し昼三の揚代は一両一分《ぶ》である。露骨な表現をすると、「一発」の値段が一両一分だった。現代に換算すると、一回のセックスに十万円以上かかったことになろう。

さて、新造や禿は大部屋に雑居だったが、花魁は個室をあたえられていた。

図2は、花魁の部屋に新造と禿が来て、何やら話をしている。花魁の居室の様子がよくわかるといえよう。

注目すべきは、背後の書箱である。右は『源氏《げんじ》湖月抄《こげつしょう》』、左には『河《か》海抄《かいしょう》』と標題がある。ともに古典『源氏物語』の注釈書であり、花魁が『源氏物語』を愛読していることを示している。花魁の教養が並々ならぬのがわかろう。

さらに、壁には琴が立てかけられている。当時、庶民の女が稽古する楽器はもっぱら三味線だった。

琴の稽古をするのは、上級武士や富裕な町人の娘くらいである。吉原の花魁の格式は高かった。

図3は、花魁の部屋にほかの花魁たちが集まり、自由時間を過ごしているところである。ここでも、背後の書箱に注目しよう。

右は『類題和歌集』、左は『古今類句』とある。

『類題和歌集』は、和歌（短歌）を四季、恋などの内容で分類したもの。

図2『女風俗吾妻鑑』（市川三升著、文政8年）国会図書館蔵

図3『青楼美人合姿鏡』（北尾重政著、安永５年）国会図書館蔵

『古今類句』は、下の句の頭文字をいろは順で分類した、和歌索引である。

この部屋の花魁が和歌をたしなんでいることがわかる。しかも、その素養はかなりのもののようだ。

楼主の著と見られる『吉原徒然草』（元禄末～宝永初）は、遊女が身につけるべき教養について――

> 女郎の才能は、文《ふみ》すらすらとして、客の目によめるを第一とす。

と述べている。続いて――

> 次には琴ひく事。
> 次に小歌《こうた》を覚ゆべし。
> 次に三味せん引事《ひくこと》。

次に和歌の道、少心懸《すこしこころがけ》たし。

――とあり、読み書き、琴、小歌（流行の唱歌）、三味線、和歌を必須としている。吉原の遊女は禿のころから手習いをさせられていたので、みな読み書きができた。さらに向学心のある遊女のなかには自分から勉強を続け、古典を読んだり、琴を弾いたり、和歌を詠んだりする者もいた。

ただし、遊女は吉原の外に出ることは許されていなかったので、それぞれ一流の師匠を妓楼に招き、個人教授してもらった。

師匠にしても、吉原の花魁を弟子に持つのは一種の見栄であったろう。

吉原の花魁は幅広い教養を身につけていたが、これが宿場や岡場所の遊女とのもっとも大きな違いだった。

『里のをだ巻評』（平賀源内著、安永三年）は、吉原の遊女が他の遊里の遊女とくらべてすぐれていることについて――

幼少よりの育てがら、立居《たちい》振舞髪容《かみかたち》第一気取《きどり》を大切とし、禿の時より姉女郎《あねじよろう》の仕込方《しこみかた》あることとなり……（中略）……免許の遊所《ゆうしよ》と岡場所は、雲泥万里《うんでいばんり》の違《ちがい》ある勢《いきおい》を見せてこそ吉原ともいふべけれ。

――と述べ、禿のころからの遊女教育があるとしている。「気取」は、心だて。「姉女郎」は、禿が仕える花魁をさす。「免許の遊所」は、公許の遊廓ということ。

もちろん、楼主は人道主義から遊女に教育をほどこしたわけではない。その目的は、あくまで遊女の商品価値を高めるためだった。

というのも、遊女の人気を決定づけるのは必ずしも美貌ではないからだ。

たしかに、姿形の秀麗な美人は男の注目を集める。男はみな「寝てみたい」という願望を持つであろう。

だが、いくら美人でも、あまりに無教養で気品に欠けていれば、数回も会ううちに飽き、いやになる。大身の武士、豪商、文人などの上客ほど、その傾向が強い。

上客の男にまた会いたいと思わせるには、やはり遊女にも、教養が必要だったのだ。

○二階で小便は自慢

江戸の男が、「ゆんべは、二階で小便してきたぜ」と言う場合、それは、「昨夜、吉原で遊んできた」という自慢だった。同じ女郎買いでも、格安の岡場所や宿場ではなく、高級な吉原というわけである。

その背景には、次のような事情があった。

当時、木造建築物の二階に便所を設置するのは難しかった。これは大工の技量が低かったからではない。

理由は、塩ビや金属製のパイプなどの素材がなかったからである。木造建築の技術は高度に発達していたが、素材がないのでは名工も腕の振るいようがなかった。

そのため、吉原の妓楼はみな豪壮な二階建てだったが、便所は一階にしかなかったのである。

遊女の部屋はすべて二階にあり、客と酒を酌み交わすのも、床入りするのも二階である。だが、用便のときは長い廊下を歩き、階段をおり、一階の便所まで行かねばならなかった。なまじ妓楼は建物が大きいだけに、こと用便に関するかぎり、不便きわまりなかった。

とくに遊女は、客の男と情交したあと、必ず便所で放尿し、さらに風呂場で盥《たらい》の湯を用いて陰部を洗った。現代でいえば、ビデで洗浄するようなものであろう。

ただし、風呂場はもちろん一階にある。遊女は連続して数人の客の相手をすることがあるが、そのたびに二階の寝床から出て、一階の便所と風呂場に行かねばならなかった。

春本『喜能会之故真通《きのえのこまつ》』（葛飾北斎、文化十一年）に、妓楼の深夜の情景が描かれているが――

たまたま、けたたましく聞こゆる足音は、もうさせたあとの小便なるべし。

――とあり、当時の男には、行為のあと遊女が階下の便所に行くのは常識だった。

図１『市川三升円』（岸田杜芳著、天明２年）国会図書館蔵

そんななか、吉原の妓楼には二階に、図1や図2のような客用の小便所が設けられていた。仕切りも扉もなく、放尿しているところが丸見えになる。尿を受けるのはただの木枠《きわく》だった。周囲に臭気がただよっていたに違いない。

しかし、妓楼では酒を呑むことが多いため、どうしても小便が近くなる。客の男にとって二階に小便所があるのは便利だった。

おそらく節《ふし》を抜いた竹をパイプに用いたのであろう。粘着性のある糞便だとすぐに竹の筒は詰まってしまうが、尿が流れ下るだけであれば詰まることはない。

もちろん客も大便のときは、一階の便所を使用するしかなかったのだが。

それにしても、二階で悠々と放尿できるのは当時としては画期的だった。

かくして、男が「二階で小便」と言ったら、吉原で遊んだことを意味したのである。

図1と図2を見ると、専用の下駄があったのがわかる。

図2は、朝の情景であろう。昨夜の酒宴のあとの容器が、小便所のそばに放置されたままである。まさに、妓楼の舞台裏といえよう。壁に、「定」の紙が貼られ、

火の用心
居続御客不仕候
表二階ヨリ往来ニ芥捨不可候

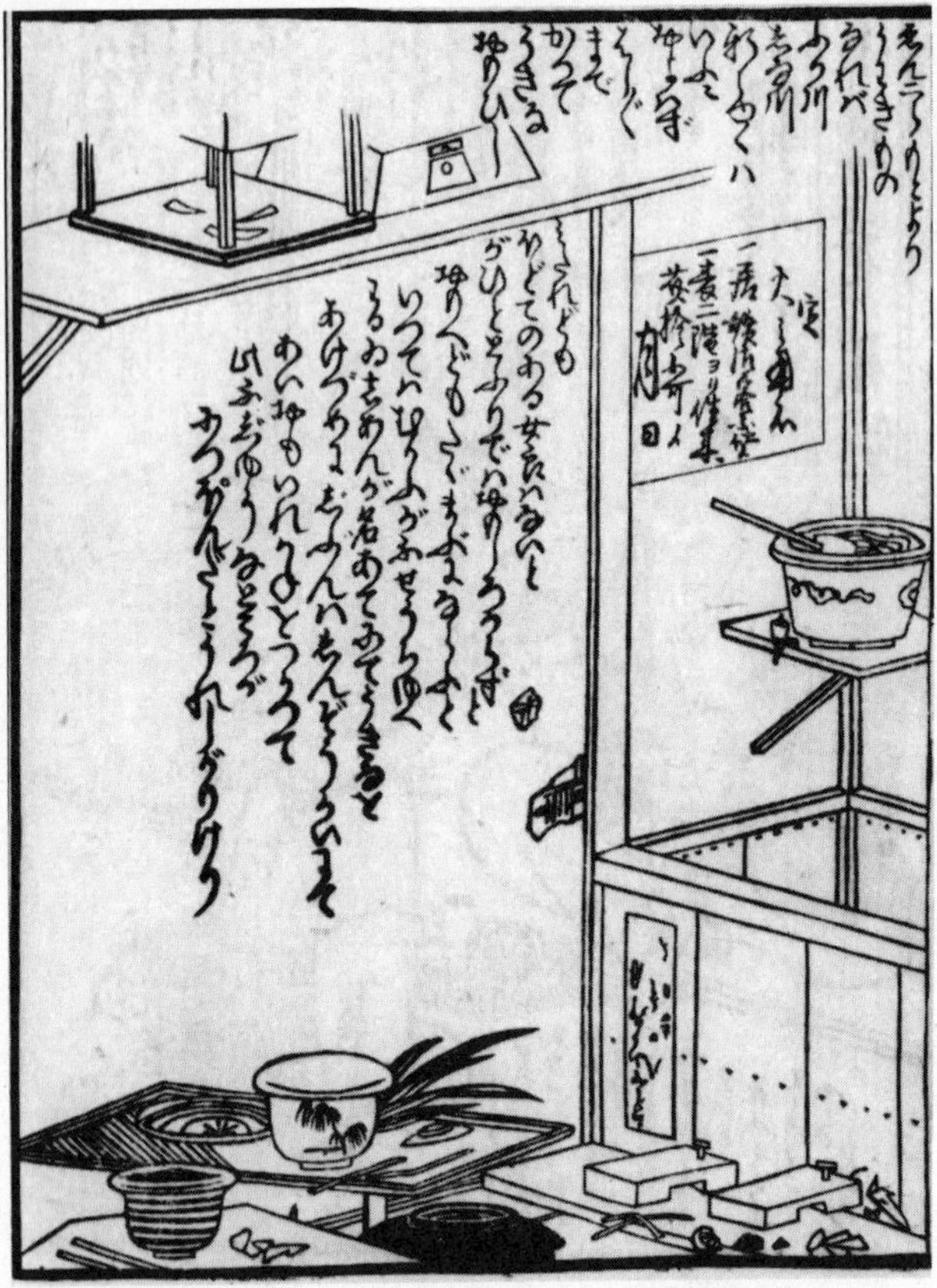

図２『江戸生艶気樺焼』（山東京伝著、天明５年）国会図書館蔵

と書かれている。

火の用心はもっともだが、客の居続けはいけないというのは建前である。二階の座敷からごみを捨てるなというのも、もっともであろう。

なお、図1で遊女が草履《ぞうり》をはいているが、これは吉原独特の分厚い上草履《うわぞうり》と呼ばれる物である。遊女は廊下を歩くとき、この上草履をはいた。夜、廊下に上草履の音がバタン、バタンと響くのは吉原独特の情緒だった。

それにしても、図1でわかるように、扉もなく、背後に多くの男女が行き交っていた。こんな便所では、現代人はとても落ち着いて放尿などできまい。しかし、江戸の男は平気だった。

当時、男の立小便はごく当たり前だったからである。男は子供のころから、大勢が行き交う道で、板塀などに向かって立小便をしていた。また、立小便をしている男を見ても、女もまったく気にしていなかった。

それどころか、武家や大店《おおだな》の妻女は別として、庶民の女が道端でしゃがみ、放尿しているのは、江戸の町ではありふれた光景だった。

ところで、言うまでもないことだが、当時の便所は汲み取り式だった。便槽にたまった糞尿を、定期的に汲み取らなければならない。

吉原の妓楼は大見世ともなると、遊女をはじめ多くの奉公人を抱え、合わせて百人近くが生活していた。そこに、昼夜、多くの客が訪れる。妓楼の人口密度は高かった。

つまり、日々の排泄物は膨大だった。

武家屋敷や商家、裏長屋などにくらべても、妓楼ははるかに頻繁に汲み取りをおこなわないと、たちまち便所はあふれかえった。そんな事態にでもなったら、さしもの壮麗な妓楼も台無しである。

そこで毎朝、図3のような下掃除人《しもそうじにん》が吉原にやってきて、妓楼の便所の汲み取りをした。汲み出された糞尿は近郊農村に運ばれ、田畑の肥料となる。

下掃除人の姿くらい、吉原の雰囲気に似つかわしくないものはあるまい。しかし、吉原を裏で支える存在として、下掃除人くらい重要な者はなかった。

戯作『錦之裏』（山東京伝著、寛政三年）に、遊女が、朝帰りする客を引手茶屋まで送っていき、妓楼に戻ってくる場面がある。遊女は階段をのぼりながら――

「おや、もう、掃除が来たそうだ。いっそ、匂《にお》うよ」

――と、つぶやく。「掃除」は、下掃除のことである。

下掃除人が便所の汲み取りを始め、妓楼には異臭がただよっていたのだ。

図3『世渡風俗図会』（清水晴風編）国会図書館蔵

客の男はちょっとの差で、異臭を嗅《か》がずにすんだことになろう。

当時、人々の朝は早かった。妓楼に泊まった客もたいていは夜明け前後に、吉原を出る。

吉原には日々、多くの下掃除人が出入りしていたのだが、客があまり目にすることはなかった。それは、客が朝帰りしたあとの時間帯に汲み取りをおこなっていたからだった。

○切見世

吉原の区画は長方形で、面積はおよそ二万八百坪である。そこに、広壮で美麗な妓楼が建ち並んでいた。

ところが、大門から見て右側の端を西河岸《にしがし》、左側を羅生門河岸《らしようもんがし》といい（41ページの図1参照）、ここには河岸見世《かしみせ》と呼ばれる、格安な見世がひしめいていた。

同じ吉原の区画内でありながら、西河岸と羅生門河岸には、異質な別世界があったわけである。

ところで、『幾代餅《いくよもち》』という古典落語がある。

吉原の幾代太夫が、男の純情と一途さに心を打たれ、年季が明けると、男のもとに嫁《とつ》ぐ。そして、ふたりで始めたのが、両国名物の幾代餅という一席である。

『墨水消夏録』（伊東蘭洲著、文化二年）に、両国幾代餅は元禄十七年（一七〇四）、小松屋喜兵衛が初めて作ったものだが――

その餅を幾代といふは、吉原町河岸見世の女郎いくよと云《いう》を、妻にむかへ、取付の節は、彼《かの》幾代が自《みずから》餅を焼て売りぬ、段々大に繁昌して名代《なだい》となり、

――とあり、幾代は太夫どころか、実際は低級な河岸見世の遊女だった。

さて、この格安な河岸見世のなかでも、もっとも格安なのが、切見世《きりみせ》（局見世ともいう）と呼ばれる形態の見世だった。

切見世の揚代は、一ト切《ひときり》（ちょんの間《ま》、時間にして約十〜十五分）が百文《もん》だった。

なお、この切見世という形態は、私娼街である岡場所にもあった。

切見世は平屋の長屋形式で、狭い路地の両側に部屋がずらりと続いていた。ひとつひとつの部屋は、戸を開けると小さな土間があり、土間をあがると畳二枚を敷いただけだった。

図1で、切見世の部屋がわかる。ふたり連れの男は、切見世の遊女を見て――

「鉄砲店《てつぽうみせ》の姉《あね》さんが、面《つら》が河豚《ふぐ》のようだ」

――と、毒づいている。

鉄砲店は、切見世のこと。切見世の遊女はたいてい梅毒などの性病にかかっていたので、性行為をすると感染する。つまり「鉄砲の玉に当たるようなものだ」という意味らしい。

図1のような、畳二枚の部屋に遊女は寝起きし、客も迎えたのである。

図1『玉子の角文字』（芝全交著、江戸中期）国会図書館蔵

図2で、切見世の情景がわかろう。

細い路地は男たちで混雑していた。吉原に来ても、高級な妓楼は張見世を見物するだけで、実際に遊ぶのは切見世という男は多かった。

図2の右に、武士のふたり連れがいる。金のない下級武士であろうが、さすがに武士の体面を守るため、手ぬぐいで頬かぶりをしている（絵では、顔ははっきり見えているが）。

また、中央の金棒《かなぼう》を持った男に注目していただきたい。文中に――


「サア、まわりやしょう、まわりやしょう」

金棒の音、ガラン、ガラン。


――とある。男は切見世の番人である。

人気のある遊女の部屋の前には、

「どうせ、ちょんの間《ま》なので、すぐだから」

図2『其俤錦絵姿』（東里山人著、文政８年）国会図書館蔵

と、順番待ちの男が並ぶことがあった。

そうすると、ただでさえ狭い路地は人の流れが滞留してしまう。

そこで、番人が手にした金棒を打ち鳴らし、

「立ち止まっていないで、ひと回りしてから、また来なせえ」

と、追い立てたのである。

なんとも、すさまじい世界だった。

切見世は長屋形式だったため、「○○長屋」と呼ばれた。

図3は、男ふたりが吉原の稲荷《いなり》長屋と呼ばれる切見世の路地にはいったところ、ひとりが荷物をつかまれ、強引に誘い込まれる――

稲荷長屋にはいるに、待ちもうけたる切見世の女、弥次郎の背に負いたる風呂敷包みをつかまえる。

「何だ、何だ、苦しい、苦しい、放せ、放せ」

女、

「遊《あす》んでいっておくれ。まだ、口あけだよ」

――という具合である。

女の言う「口あけ」は、「きょうはまだ客を取っていないから、おまえさんが初めてだよ」という意味。

ただし、それが本当かどうかはわからない。

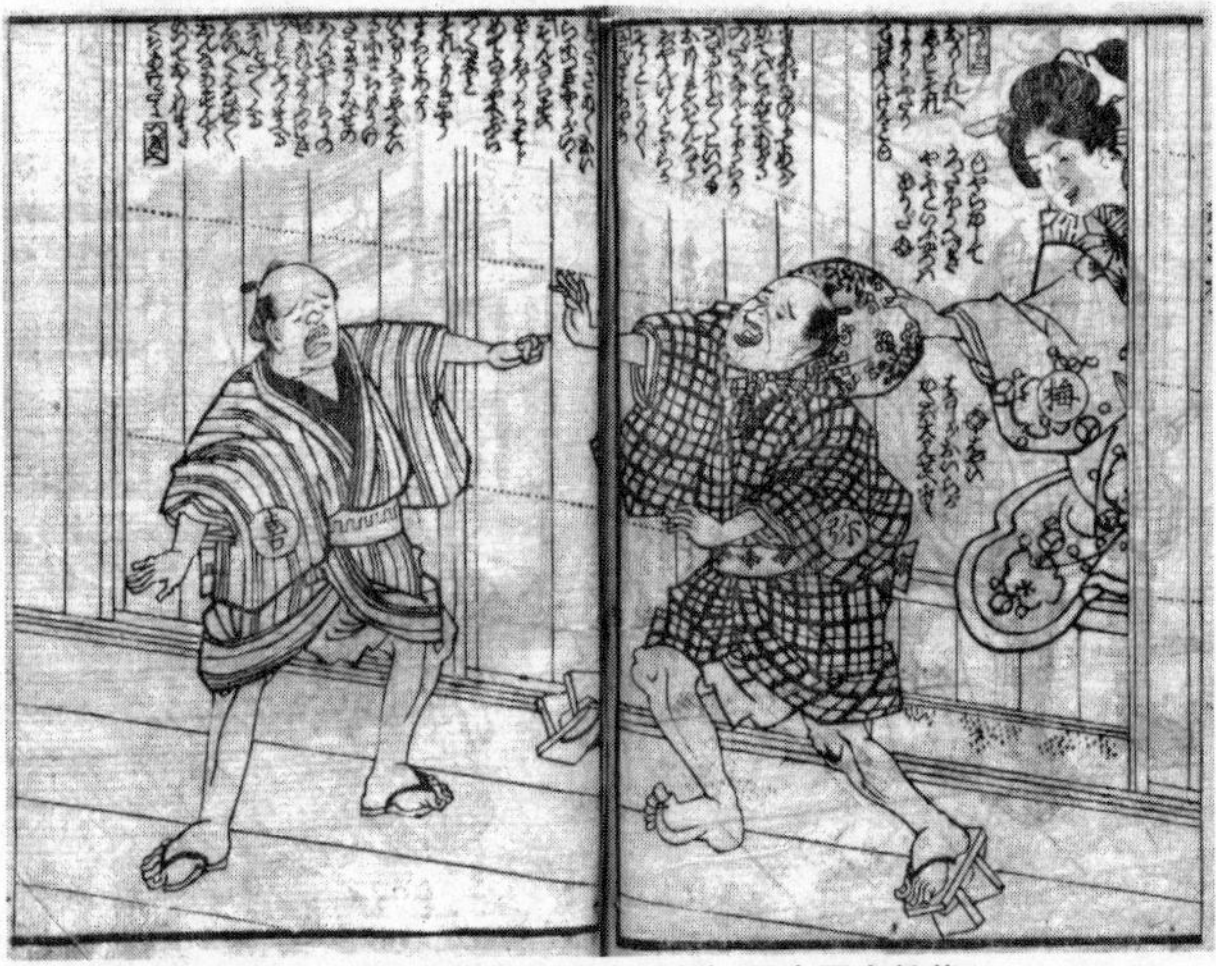

図3『江戸久居計』(岳亭春信著、文久元年)国会図書館蔵

○仮宅は繁盛するが

木造家屋が密集していた江戸は火事が多かった。しかも、しばしば大火となった。吉原も例外ではなかった。

記録に明らかなところで、明和《めいわ》五年（一七六八）から幕末の慶応《けいおう》二年（一八六六）まで、吉原は合わせて十八回も全焼している。およそ五年に一度全焼するという、恐るべき頻度である。

吉原は幕府の許可を得た、公許の遊廓である。そのため、火事で全焼するなどして営業できなくなった場合、妓楼が再建されるまでのあいだ、二百五十日とか三百日とか期限を区切って、浅草や深川などの料理屋、茶屋、商家、民家などを借りて臨時営業をすることが認められていた。この臨時営業が仮宅《かりたく》である。

堀と塀で囲われた千束村の地から、江戸市中に出て来たことになろう。

仮宅は江戸の市中で営業するため、辺鄙《へんぴ》な場所にある吉原にくらべてはるかに便利である。また、あくまで臨時営業のため、格式や伝統にもとらわれず、遊女の揚代も安かった。雰囲気が変わって面白いという男もいた。

この結果、仮宅になると、それまで吉原や花魁には無縁だった男たちまでがどっと詰めかけ、客の数は増えた。

そのため、経営不振に陥っていた妓楼が、仮宅になるや持ち直した例すらあった。

遊女たちも、当初は仮宅を喜んだ。というのも、吉原では遊女は大門から外に出ることは許されておらず、まさに籠《かご》の鳥の生活を強《し》いられていた。ところが、仮宅になると近所の名所旧跡などを見物して歩くことも許され、解放感を味わうことができたからだ。だが、これも最初のうちだけだった。

しばらくすると、とくに高位の遊女ほど、仮宅を嫌悪し、吉原に早く戻りたがった。仮宅はとにかく狭いし、調度品も急あつらえだった。吉原の妓楼に比べ、すべてが粗末で過密だったのである。

高位の遊女である花魁は本来、個室をあたえられていたが、仮宅では、下級遊女の新造並みの扱いを受け、大部屋で雑居だった。花魁の権威や特権はほとんど無視されたといってよい。

しかも、客の数が増えたので、遊女は酷使される結果となった。いわば薄利多売のつけは、遊女にまわってきたのである。

一例をあげると、文化九年（一八一二）十一月二十一日、吉原は全焼し、浅草や深川に仮宅ができた。

この仮宅のとき、『街談文々集要』（石塚豊芥子編）によると、浅草で営業した「いづミや」という小見世では、ある日、遊女合わせて十三人で、一昼夜のうちに九十一人の客を取ったという。「取った」というより、「取らされた」というべきであろうが。

また、大文字屋の大井という花魁のある日の揚代は、昼十一両、夜十九両で、一昼夜で合わせて三十両に及んだという。

仮宅が長引くにつれ、遊女は不平不満をつのらせた。

戯作『中洲の花美』（内新好著、天明九年）に、全焼したあと再建される吉原の様子を見てきた客の男と、遊女の会話があり――

「仲の町も半分の余、できたの」

「早く、あっちらへ参りとうござりますよ」

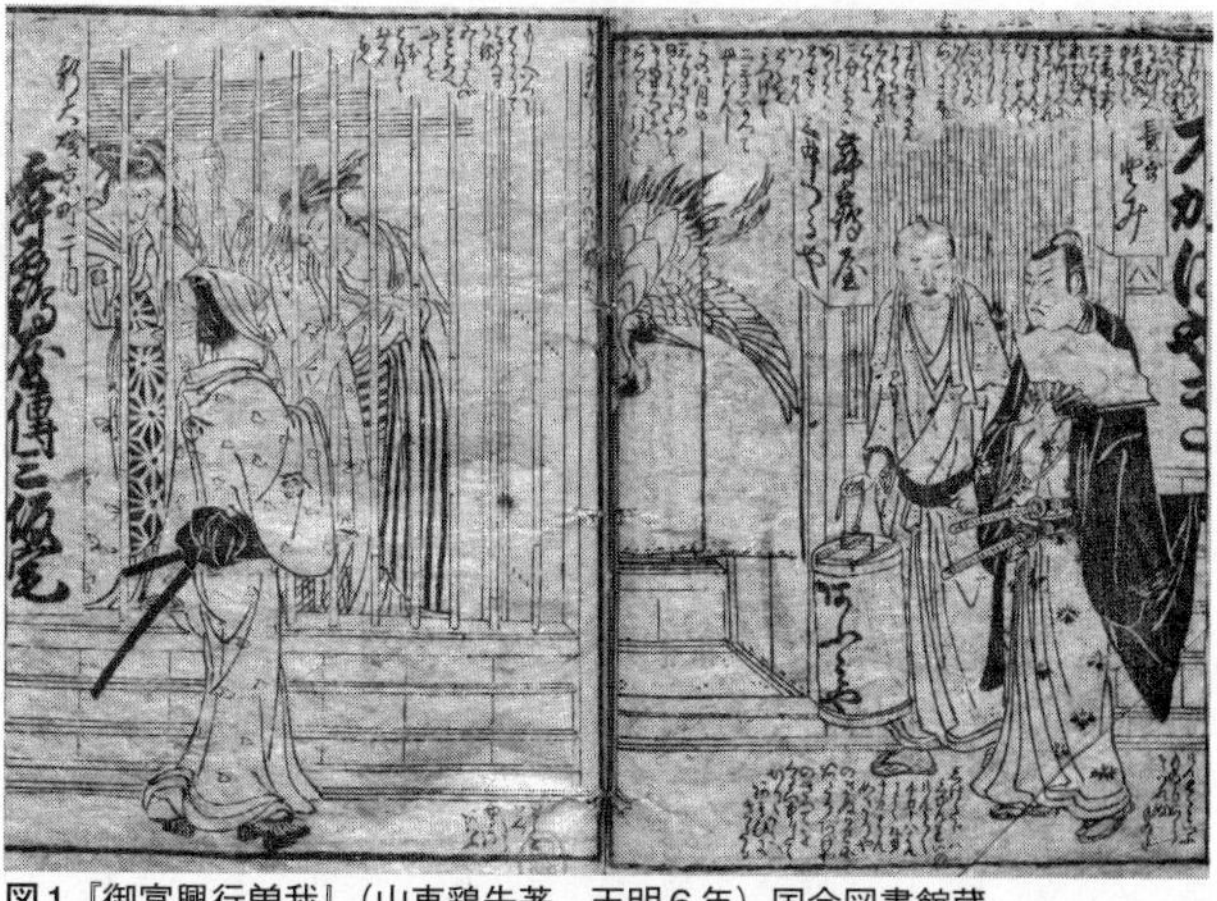

図1『御富興行曽我』（山東鶏告著、天明6年）国会図書館蔵

図2『奇事茂中州話』（山東京伝著、寛政元年）国会図書館蔵

——と、遊女がすでに、仮宅にうんざりしているのがわかる。「あっちら」は、吉原のこと。

図1と図2は仮宅の光景である。仮宅では張見世をしない妓楼もあったが、張見世をした場合でも、ごく簡素だった。

図1では、「新大磯京町一丁目　舞鶴屋伝三仮宅」の看板を掲げている。「大磯」は吉原のこと。戯作ではしばしば、大磯を吉原に擬した。張見世の格子は竹で、急造りなのがわかる。

図2は、張見世の格子は木製のようだが、かなり細く、いかにも急ごしらえだった。看板には「新吉原京町　三文字屋七兵衛仮宅」とある。

『文化秘筆』に、次のような話がある。

文化十年（一八一三）の五月なかば、浅草の隅田川のほとりで仮宅営業していたある妓楼に、恰幅《かっぷく》のよい男が登楼した。

男は宴席をもうけると、遊女のほかに芸者や幇間も多数呼び寄せ、ドンチャン騒ぎをした。

途中、男は懐中からずしりと重い包みを取り出すと、お針に渡した。

「こんな物をふところに入れたまま酒を呑むのは無粋じゃ。あずかっておいてくれ」

お針は、妓楼の裁縫や繕《つくろ》い物を引き受ける、いわゆる裁縫女である。

大金を渡されたお針は驚き、とても自分が保管することはできないので、事情を話して、楼主にあずけた。その夜も大勢の客で立て込んでいたため、楼主は確認することなく包みをあずかった。

その後、身軽になった男は大いに呑み、陽気に騒いだ。

しばらくして、川風にあたりたいと、庭伝いに隅田川のほとりへ向かった。あとから遊女、芸者、幇間はもちろんのこと、遣手や若い者などもぞろぞろと従う。

「ちょいと、泳ぐかな」

男はその場に着物を脱ぎ捨て、ふんどしひとつの素っ裸になった。

みなは口々に止めた。

「おやめなさいませ」

ところが、男は、

「心配するな。俺は水練は達者でな。向こう岸に着いたら、すぐに戻ってくる」

と言い捨て、じゃぶじゃぶ水のなかにはいっていく。

抜き手を切って泳ぎ、やがて、その姿は闇に消えた。

その後、いつまで待っても男は戻ってこない。

みなは心配になり、若い者が吾妻橋を渡って対岸に行き、あたりをさがしまわったが、男の姿はどこにもなかった。

若い者が戻ってきて、見つからなかったと報告する。

楼主も急に心配になってきた。

図3『名仮宅比六歌仙』（一亭万丸著、天保10年）国会図書館蔵

「そういえば、まだ中身をたしかめていなかった」

そこで、あずかっていた紙包みを開いてみたところ、中身は金ではなく、重さと形をそれらしく見せかけただけの代物《しろもの》だった。

けっきょく、妓楼の大損となった。


仮宅だからこそできた詐欺といえよう。忍び返しを植えた高い板塀と、堀（お歯黒どぶ）で囲まれている吉原では、こういう逃げ方はとてもできない。

また、仮宅のときは繁忙のあまり、妓楼も注意が散漫になりがちだった。

図3は、営業終了後の仮宅が描かれているが、いかにも商家を転用したのがわかる。

第三章　遊女の身の上は

○身売りと女衒

図1は、若い娘の身売りの場面である。

右下の男が娘の父親。左の男は女衒《ぜげん》で、父親に金三十両を渡しながら――


「まず、貴様の娘は孝行者だ」


――と、慰めている。

奥にいるのが、父親から金を取り立てようとしている男。父親の借金を清算するため、娘は売られるのだ。

女衒は買い取った娘を駕籠《かご》に乗せ、吉原などの遊里に連れて行き、妓楼に転売した。

雇われた駕籠かき人足のひとりが、相棒にこうつぶやいている――


「棒組《ぼうぐみ》、おいらはたびたび、哀れな気の毒な思いをするぜえ」


――これまでに、身売りする娘を何度も駕籠に乗せた経験があるようだ。

こうした身売りは江戸時代、ごくありふれた光景だった。貧しい親はしばしば娘を

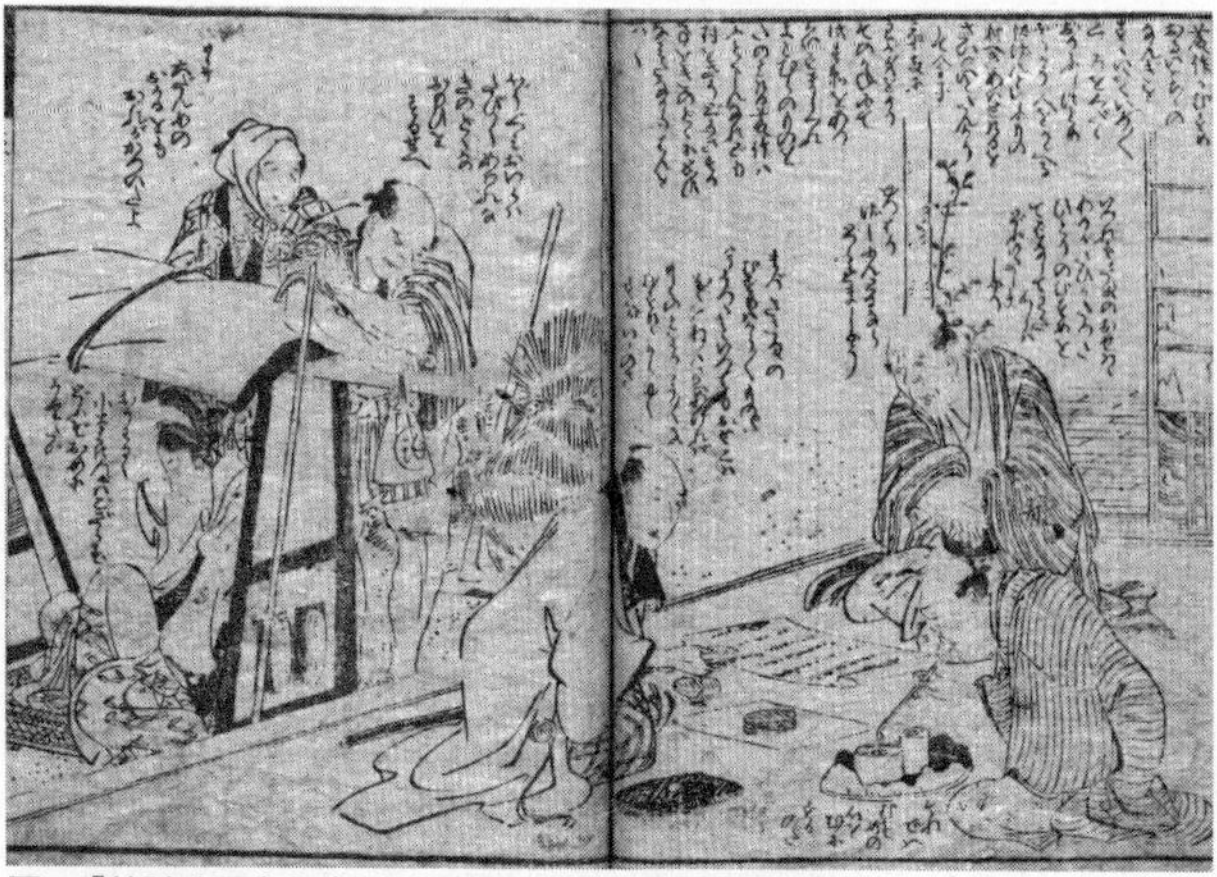

図1『敵討時雨友』（南仙笑楚満人著）国会図書館蔵

売った。

『ひとりね』（柳沢淇園著、享保十年頃）に——

身を売るといふ事、さりとてさりとてかなしき中にもうはもりのかなしさ、何ゆへぞや。父母の為なり。

——とあり、両親を助けるために身売りをする、というのが社会的な理解だった。

そのため、当時の人々は、売られていく娘を「親孝行をした女」と理解し、「ふしだらで男好きなので遊女になった」とは、けっして考えなかった。

図1の女衒のセリフも、こうした社会意識を背景にしている。

身売りは、表向きは下女奉公なので、きちんと年季と給金を取り決め、証文（契約書）を取り交わした。しかし、実際には給金の全額を親に前渡しして、本人はいやおうなく遊女になるのだから、事実上の人身売買だった。

こうした人身売買を仲介する女衒は、人買い稼業といってよい。

図1の駕籠の中の娘は十代なかばくらいであろうが、貧農などが口減らしのためもあって幼い娘を売ることも多かった。

『世事見聞録』（武陽隠士著、文化十三年）は、農村の身売り事情について――

国々の内にも越中・越後・出羽辺より多く出るなり。わづか三両か五両の金子《きんす》に詰まりて売るといふ。

――と述べ、越中（富山県）、越後（新潟県）、出羽（山形・秋田県）の貧農が、幼い娘を三～五両で女衒に売っている、と。

不作などで困窮した農村を女衒がまわり、女の子を仕入れていたのである。

たとえば吉原では、女衒を通じて買い取った十歳前後の女の子を禿《かむろ》として育てながら、遊女としての訓練をした。そして、十五歳前後で正式な遊女にして客を取らせた。

ところで、図1では身売りの代金は三十両だった。『世事見聞録』の言う三～五両は安すぎる気がするが、じつは、図1の娘は妓楼にとって即戦力だったからである。つまり、最低限の遊女教育をすると、すぐに客を取らせた。

しかし、幼い女の子の場合は、客を取れるようになるまで数年かかる。「稼げるようになるまで、ただ飯を食わせなければならないのだから」というのが、妓楼の言い分だった。

図2は「人買いに買われたる田舎小娘ども、旅籠屋《はたごや》のやどり」とあり、女衒が多くの女の子を仕入れて連れて行く途中、旅籠屋に一泊したときの情景である。

絵の左上で、親元から引き離された幼い女の子が寂しがって泣くのを、年長の女の子がしきりに――

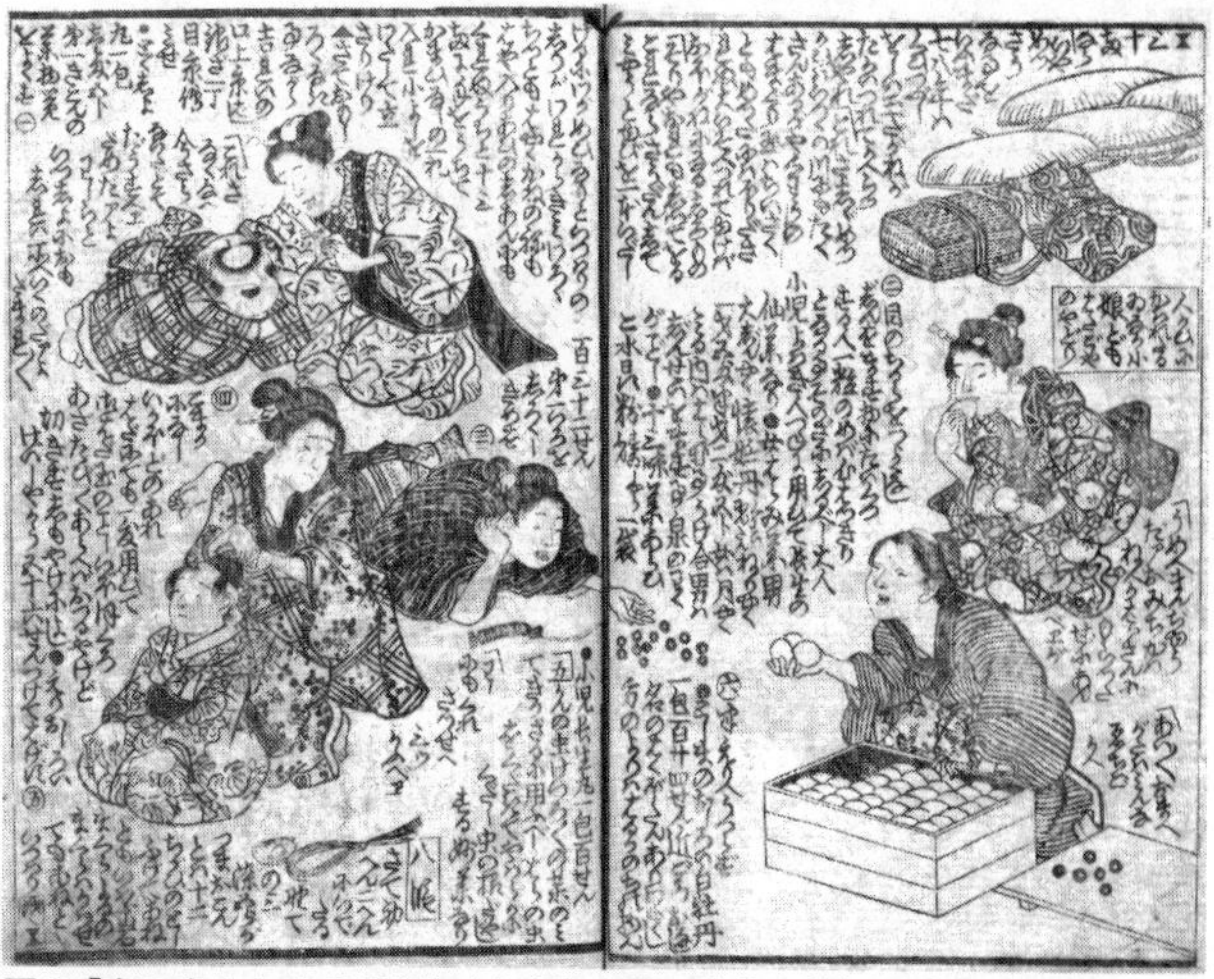

図2『春の文かしくの草紙』（山東京山著、嘉永6年）国会図書館蔵

「これさ、泣くなえ。今さら泣いたとて、どうすべえ。駄目だぁよ。わしらと一緒に面白いところへ行くのだぁよ。黙れ、黙れ」

――と、なだめている。年長の子は、自分がどんなところに行くか、もうわかっているようだ。懸命に幼い子を慰めているのが、いじらしい。

いっぽう、右下の女は宿泊客に饅頭を売りに来た行商人である。

行商の女が声をかけている――

「あいあい、おまえがたは、みんな越後かえ」

――と、女は身売りの事情を見抜いていた。女の子たちの言葉から、越後の貧農の娘と察したのだ。

江戸時代、身売りはごく当たり前におこなわれていたのがわかろう。

吉原を筆頭とする遊里の繁栄は、こうした身売りに支えられていたのである。

さて、女衒の取り分は、どのくらいだったのだろうか。

『折たく柴の木』(新井白石著)に、正徳元年(一七一一)のこととして、女衒が、姉妹ふたり（年齢不詳）を吉原の巴屋《ともえや》に百五両で売り、その内の三十四両二分を手数料として差し引いたことが書き留められている。

女衒の取り分は約三割三分である。

いっぽう、『光明に芽ぐむ日』は、大正十三年（一九二四）に、十九歳で吉原の長《ちよう》金花《きんか》に売られた森光子の手記である。同書によると、前金として千三百五十円が光子の親に渡される契約だったが、周旋屋《しゆうせんや》（女衒）が手数料として二百五十円を差っ引いた。

周旋屋の取り分は、約一八・五パーセントで、二割弱である。

仲介手数料に関しても、江戸時代の女衒の方があくどかった。

○女衒の女鑑定法

図1は、兄と称する男（右下）が、女（うつむいて座っている）を、吉原の松田屋という妓楼に連れてきて、売ろうとしているところで――

「この女は、わたくしが妹で、お屋敷に奉公させておきやしたが、親の病気のために、勤めをさせとうござりやす」

――と、もっともらしいことを言っている。

「お屋敷」は、大名や大身の旗本の屋敷のこと。武家屋敷に奉公していたので、礼儀作法は身についている、と売り込んでいるわけである。また、「勤め」は、遊女になること。

当時の制度では、父や兄、おじ、夫など、女の保護者の立場であれば、女を妓楼に売る権限があった。そのため、男は女の兄と称しているわけである。

戯作『郭《さと》の花笠』（松亭金水著、天保七年）で、身売りについて、男がうそぶく――

「身を売るには実の親が承知で判をしねえけりゃあ、抱《かか》える主人はけっしてないと言

図1『跡着衣装』（十返舎一九著、文化元年）国会図書館蔵

いなすったが、そうでないね。そりゃあ、なるほど、本当はそうもするはずだけれど、そこはまた大法《おおほう》で、たとえばわしが娘だとか、姪《めい》だとか言ってもすみます」

――「大法」は、抜け道があるくらいの意であろう。かどわかした女を、自分の娘とか姪とか称して、妓楼に売り飛ばす男もいた。こうしたことが、人身売買が横行する背景にあった。

図1の左の、煙管《きせる》を持った男が楼主である。

金額を提示した楼主に対し、兄と称する男はこう言う――

「もちっと買ってもよさそうなものだが、いい、しょうことがねえ、それで証文を決めてくんなせえ」

――もっと出してほしいところだが、その金額で手を打つので、証文を作成して、取り交わしましょう、と。

楼主の右の、手に紙を持っている男は女衒である。

身売りは、表向きは年季と給金を取り決めた奉公なので、必ず証文を取り交わす。証文の作成には女衒の専門知識が必要だった。そのため、女衒を通さない直接取引だが、相談役として妓楼に呼ばれてきたのである。

楼主に女の鑑定を求められ、女衒はこう述べる――

「この女中かえ。珍しい、いい玉だ。そして、小前《こまえ》で、大指は反《そ》るし、まず、なため、からたちの気遣いもなし。言い分のねえ玉だ」

――と、高評価している。女中は奉公人の意味と、女性一般を意味する場合があった。ここは、後者である。

女衒の評価は、現代人にはわかりにくいが、要するに、発作性の持病がある様子はなく、健康

陰部は、締まりのよい名器
ということ。

つまり、上物と見立てていることになろう。

戯作『夜慶話《よけいのはなし》』（宇田楽庵嬉丸著、文化三年）に、女衒の女鑑定法として——

一に目。二に鼻すじ。三に口。四にはえぎわ。膚《はだえ》は凝《こご》る脂《あぶら》のごとし。歯は瓢犀《ひさごのさね》のごとし。家々の風、好き好きの顔、尻の見よう、親指の口伝……（中略）……顔と心と風俗と、三拍子《さんびょうし》そろう者、中座《なかざ》となり立者《たてもの》と呼ばる……

——とあり、肝心のところは口伝のようだ。中座や立者は、その妓楼の筆頭の遊女のこと。

ともあれ、こういう形で女を評価することを、現代のヒューマニズムや人権意識で非難するのは当たらない。

売春が合法的なビジネスだった時代である。

ビジネスの観点からすれば、妓楼にとって遊女は商品である。商品の仕入れにあたって、品質をきびしく吟味するのは当然かもしれない。

ともあれ、女衒には独特な女の鑑定法、つまりは品質の見極め法があった。

女衒は人買い稼業と同時に、一種の専門職だった。読み書きができるのはもちろんのこと、証文を作成できるほどの文書作成能力が必要だった。

この傾向は、近代になっても同じだったようだ。

前出の『光明に芽ぐむ日』（森光子著）によると、彼女を吉原の妓楼に斡旋した周旋屋（女衒）の子供は、ふたりは早稲田大学、ひとりは明治大学を卒業しているという。

周旋屋が経済的にゆたかであると同時に、教育熱心なのがわかる。当人も、かなりの教養人なのに違いない。

女衒という職業と教養は矛盾しなかったことになろう。

図2は、父親の病気で身売りすることになった娘と、母の別れの場で――

「そんなら娘、随分息災《そくさい》でいや。悲しや、悲しや」

「おさらばでござります」

――と、ふたりが涙にくれているのに対し、そばの女衒は笑《え》みを浮かべている。きっと、「お袋さん、心配しなさんな」とでも言っているのであろう。

女衒にとって、親と娘の別れの場面は、もう見慣れた光景だった。

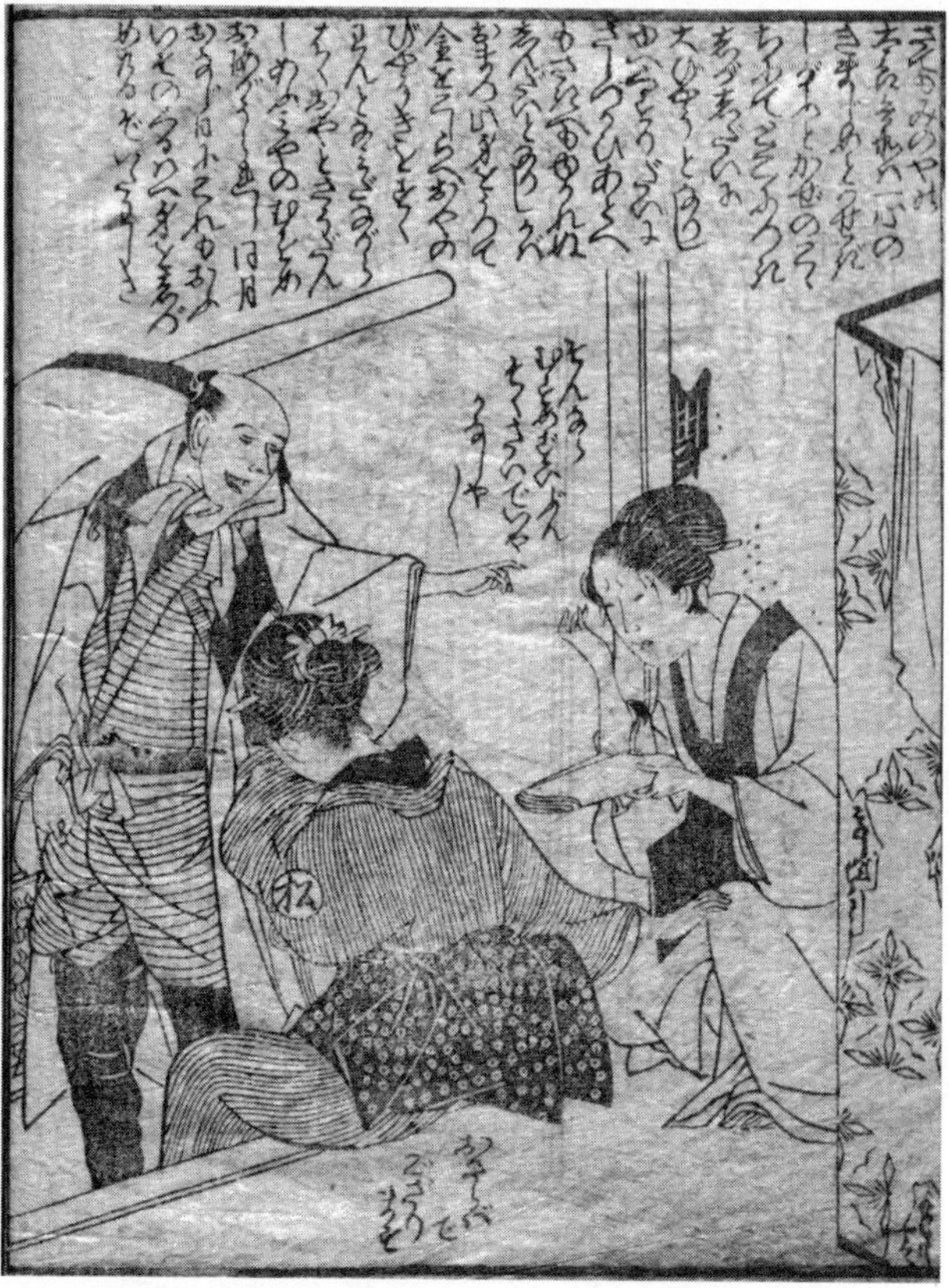

図2『果報寝物語』（福亭三笑著、享和３年）国会図書館蔵

○禿

97ページの図2に、農村の幼い女の子が女衒《ぜげん》に買い取られ、連れて行かれるところが描かれていた。

こうした女の子は、女衒によって各地の遊里に転売された。なかでも、吉原の妓楼に売られた女の子は、禿《かむろ》として育てられた。禿はいわば遊女見習いである。遊女の雑用をこなしながら、遊廓のしつけを学んでいく。

しつけにはもちろん、性的な知識も含まれる。

図1では、花魁《おいらん》に用事を命じられた禿が、戻ってきて――

「おいらんへ、あのね、もしもし、あのね、う〜、何だか忘れんした。たしか、煙草のことざいます」

――と、泣きそうな顔になっている。

髪飾りや衣装などは普通の女の子にくらべると派手だが、しょせん十歳前後の子供なのには違いない。いじらしい光景と言えよう。

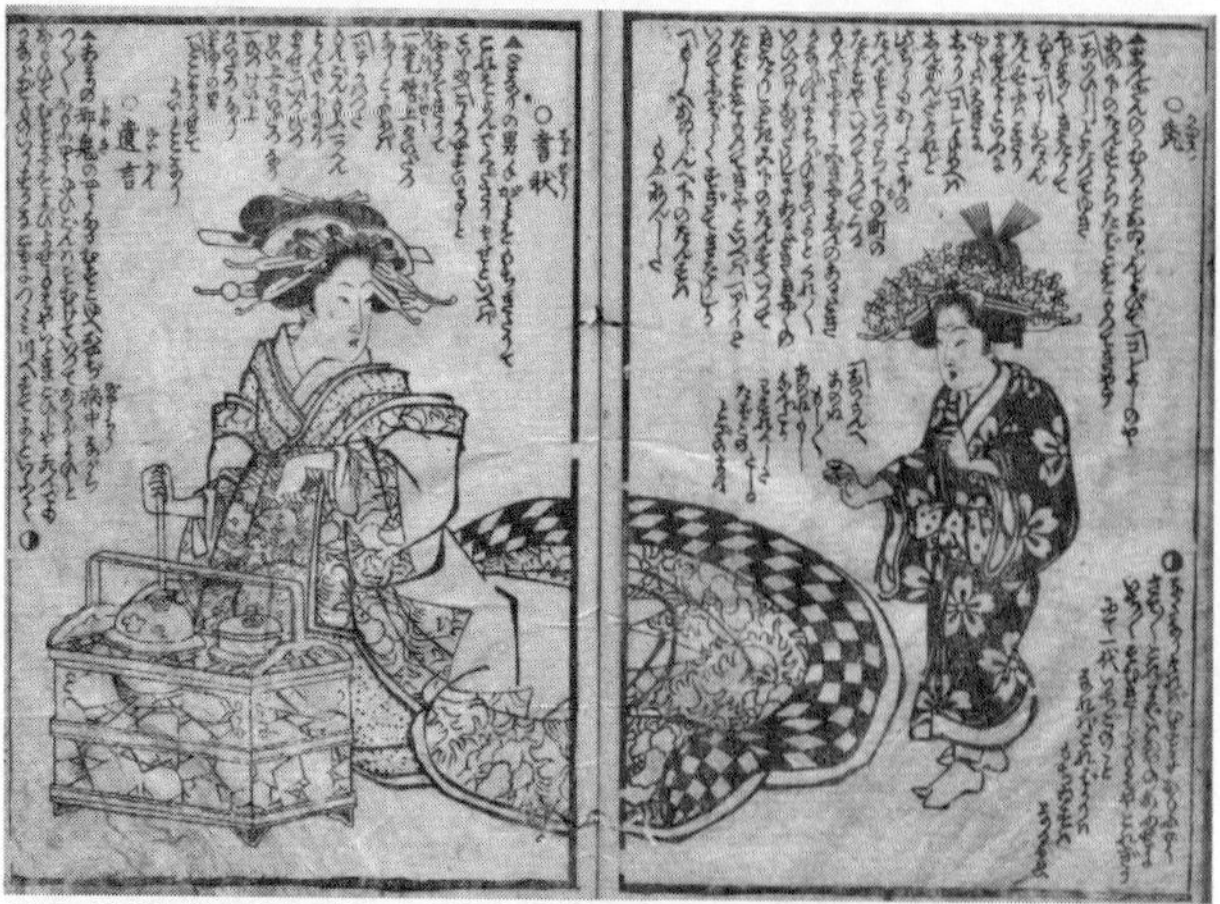

図1『浮世学者御伽噺』（志満山人著、文政5年）国会図書館蔵

いっぽう、図2は、夜の妓楼の光景。とくに用事を言いつけられていないのをさいわい、禿ふたりがおはじきをして遊んでいる。こんな場面を見ると、やはりまだ幼い女の子だった。

なお、左の若い者は、拍子木を打って時刻を告げている。

それにしても、十歳前後で親元から引き離され、集団生活のなかに放り込まれるのである。

しかも、まわりは男と女の性が濃厚にただよう環境だった。いやでも、禿は性的には早熟にならざるを得ない。もちろん、妓楼はこれが狙いだった。

妓楼で生活するなかで禿は、男と女のからみ合う寝床を目の当たりにすることもあったし、遊女のよがり声を耳

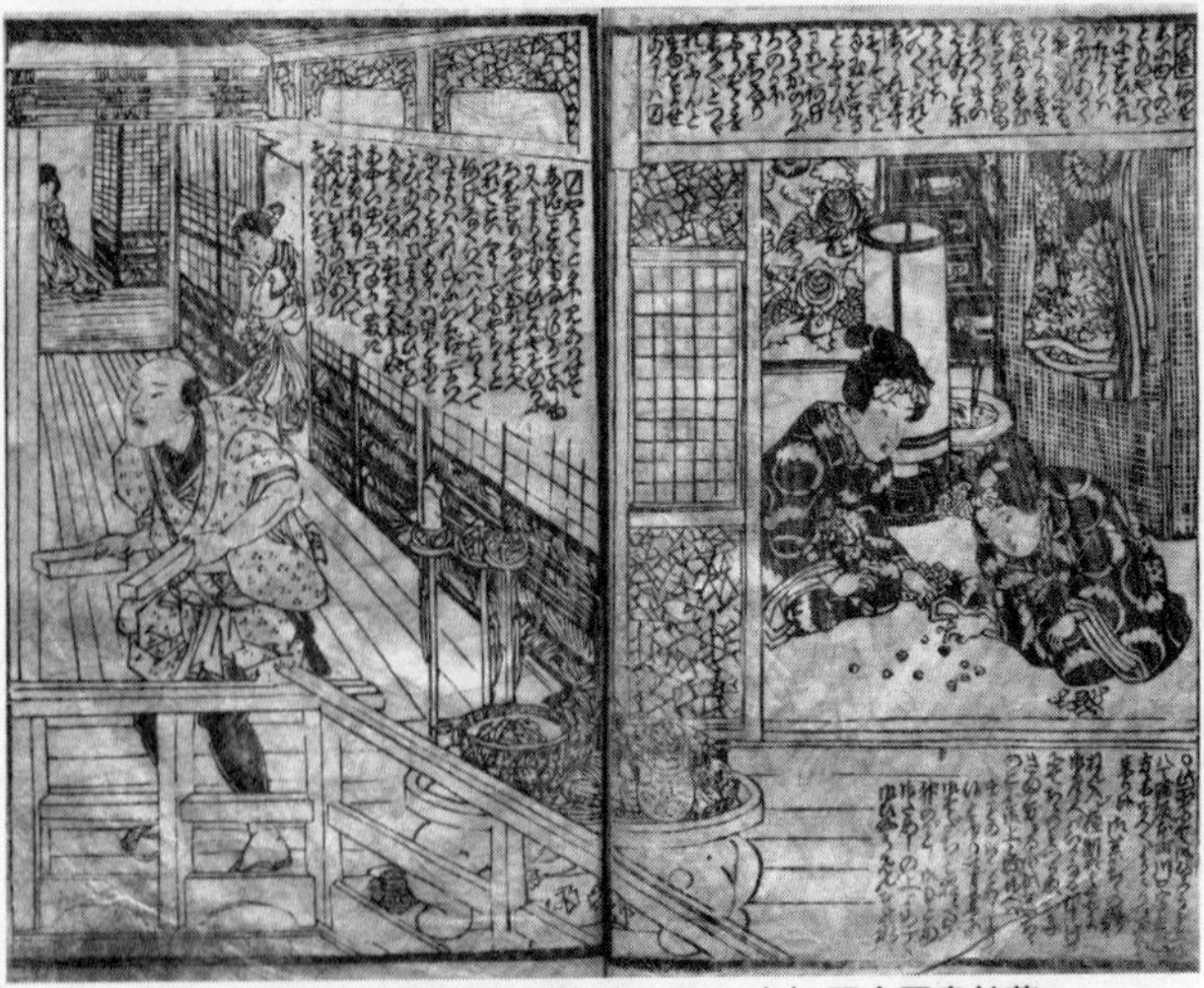

図2『絵巻物今様姿』(美図垣笑顔著、天保13年) 国会図書館蔵

にするのはしょっちゅうである。
まずこんな環境に慣れさせることで、禿から性的な羞恥心を消し去ったのである。
図3で、禿が花魁と客の男の性行為を盗み見しながら、こうつぶやいている――

「花魁のさせようをよく見て、おしつけ、おいらも、あのようにさせよう」

実際は、花魁が禿に盗み見させているといってよかろう。つまり、これも禿への教育だった。図3は春画なので誇張はあるが、性行為の様子を禿に見せ、聞かせるのは教育の一環である。

具体的なことを記した文献はないが、妓楼は禿の段階から訓練をほどこしていた。

訓練とは、陰部を名器にするための鍛錬や、入浴時の陰部の洗い方などである。

手ほどきをしたのは、図3のような先輩格の遊女や、監督係の遣手《やりて》、さらに楼主の女房であろう。

禿は十四歳前後で、下級遊女である新造《しんぞう》となったが、まだ客を取らない。妓楼は新造の初潮を待ったのである。

さすがに初潮があるまで性行為はさせなかったわけで、吉原の妓楼は最低限の人道は守っていたことになろうか。

そのかわり、初潮があったと見るや、

図3『艶本常陸帯』（喜多川歌麿、寛政12年）国際日本文化研究センター蔵

すぐに遊女デビューである。

それに先立ち、水揚《みずあげ》という儀式がある。水揚は処女の破瓜《はか》で、性の初体験である。

ただし、吉原では楼主や、妓楼に奉公する男である若い者と遊女の性的関係は厳禁されていた。

そこで、水揚は、妓楼の馴染み客のなかで、女あつかいの上手な初老の男に依頼した。

つまり、性のベテランに水揚を頼んだのである。水揚を頼まれた男にしてみれば、まさに男冥利に尽きる思いであったろう。

四国の女郎屋の主人が書いた『おさめかまいじょう』（宝暦九年）に、水揚について――

時を見て、だな衆の好き年寄に、初会、裏返しの二日の通しとし、揚げ代を凡《およ》そ三十日分を取る。

年寄は、心得て、荒き事せず、また、いかつく事無し。

――とあり、裕福で好色な老人に、丸二日間、女をあずけた。ただし、揚代は三十日分という法外なものだった。

具体的な史料はないが、吉原の妓楼も水揚をまかせる男からは、かなりの金額を受け取ったであろう。

こうして、いったん水揚をすませると、新造はどんどん客を取らされた。

楼主としては、

「これまでさんざんただ飯を食わせてきたのだ。さあ、稼いでもらうぜ」

ということだろうか。

新造として人気が出ると、昇進して花魁となった。幕下の力士が晴れて関取となるのと同じである。

もちろん、幕下のままで終わる力士が多いのと同様、新造のままで終わる遊女も多かった。

○床上手に仕込む

図1の刊行は宝永《ほうえい》五年（一七〇八）ころなので、吉原にはまだ揚屋制度があり、太夫がいた時代である。

太夫が禿に、性教育をしているところと見てよかろう。男は客であろうか。

書入れはないが、太夫が客のひとりに、

「禿のみどりに、男と女のことを教えてやりとうありいす。おまえさん、力を貸してくれいせんか」

と、頼んだのかもしれない。

もちろん、憤然として断る男もいたであろうが、なかには照れながらも承知する男はいたはずである。そして、図1のような状況となった。男にとって、まさに「うれし、恥ずかし」の状態に違いない。こみあげる快感で、のけぞっているようだ。

いっぽう、禿は目をそむけている。だが、太夫は、

「みどりや、ちゃんと見や」

と、叱咤《しった》したであろう。

図1は春画なので誇張はあるにしても、似たような性教育と、性技の伝授はおこなわれていたはずである。

図1『欠題組物（一）』（鳥居清信、宝永５年頃）国際日本文化研究センター蔵

遊女はみな、床上手《とこじょうず》になるよう訓練された。床上手とは、性技が秀逸なことだが、遊女の場合は、客の男を性的に満足させるのはもちろんだが、自分が疲れないようにすることを教えられた。

というのも、遊女は一日のうちに何人もの相手をしなければならない。とくに廻《まわ》しのときには、連続して数人の相手をすることもあった。自分が疲れてしまったら、男の相手がおざなりになるからだった。

京都の島原遊廓の楼主、奥村三四郎の著『秘伝書』（寛永末年頃）に、眠たいので早く寝たいが、客の相手をしなければならないときの秘伝を記している。まず客に酒を勧めて酔わせ、それから寝床に引き込み――

そのときはゆすりもちたるへし。ゆすりもちとは、いかにもけつをしめて、身を左右にすりまはしてさすべし。けつをしむれば、玉門しまるものなり。さるによりて、せいじうはやくもるるなり。かようにさすれば、くたびれはやくね入ものなり。そのときは、らくにぬるなり。

――とある。要するに、酔った男にすぐに挿入させ、肛門をきゅっと締める。肛門を締めると膣も締まるので、男はあっけなく射精し、その後は他愛なく寝入ってしまう。それから、自分もぐっすり眠ればよい、と。

同書には、「玉門かはきたるときの事」という項もあり、陰部にうるおいがないとき、紙を口に入れて嚙むよう、教えている。紙に唾液を吸い込ませておくのだ。そして、男が陰茎を挿入しようとするとき――

くちよりとり出し、ゆびにはさみ、ぎょくもんへ、しぼりこむべし。ひすへし、ひすへし。

――とあり、紙にしみた唾液を指でしぼり、陰門を濡らすのである。ただし、客の男には「秘すべし」と。

島原の秘伝だが、吉原でも同じだったであろう。

また、遊女は感じてはいけないとも教えられた。客の男との房事のたびに感じていたら、疲れてしまい、その後、ほかの客の相手ができなくなるからである。

大坂の新町遊廓を舞台にした『難波鉦《なにわどら》』（延宝八年）にも――

勤める身が、常の女の様に、会ふ人会ふ人に精を洩《も》らして、続く物ではござんせねども、

――とある。勤めるは、遊女の境遇。精を洩らすは、感じること。やはり、遊女が客との情交で感じていたら、体が続かなかったのだ。

四国の女郎屋の主人が書いた『おさめかまいじょう』（宝暦九年）にも――

おやまは常に、きをやらざるよに心掛け、精、損《そこな》う可《べ》からずの処《ところ》、

――とあり、「おやま」は遊女、「気をやる」は感じること。いちいち感じていたら、

体を悪くすると念を押している。

ただし、遊女がまったく感じた様子がなく、しらけていたら、客の男は面白くないし、興ざめである。

そこで、遊女は演技をした。戯作『けいせい色三味線』（江島其磧著、元禄十四年）に、島原の遊女が――

床《とこ》での虚啼《そらな》き、目付かすかにして、結髪《ゆいがみ》の乱るゝもおしまず、枕はずして足の指先をかゞめ、両の手にて男をしめつけ、息づかいあらく、

――と、迫真の演技を見せている。

客の男は、自分の陰茎と性技で遊女を「いかせた」と思い、さぞ己惚《うぬぼ》れ、満足したであろう。

演技のなかでもとくに重要なのが、「泣く」、つまり、よがり声をあげることだった。

戯作『娘太平記操早引《むすめたいへいきみさおのはやびき》』（曲山人・松亭金水著、天保十年）に――

娼妓衆《じょうろし》なんどは泣くというと、お客が沢山《たんと》あると言いますから、

――とあり、せつなく甘いよがり声をあげる遊女は人気が出て、客が詰めかけたのである。

図2では、男が遊女と情交しながら、述懐している――

人の噂にゃあ、ぬしは床《とこ》で泣くということだが、この開《ぼぼ》の味のいい上に泣かれちゃあ、たまらねえ。

――と、遊女のよがり声は男たちのあいだで評判になっているようだ。

「開」は、女性器のこと。

戯作『取組手鑑』（関東米著、寛政五年）に、花粋《はないき》という遊女のよがり声を、男が隣室で聞きながら――

図2『願ひの糸ぐち』（喜多川歌麿、寛政11年）国際日本文化研究センター蔵

「花粋さんが、泣きそくなった鶯《うぐいす》という声でとぼさせているから、ようございやすね」

――と評する場面がある。「とぼす」は性交の意味。花粋のよがり声は派手だったようだ。

吉原の妓楼は豪壮だったが、木造建築の弱点は同じである。

廊下と部屋の仕切りは障子一枚、部屋と部屋の仕切りは襖《ふすま》一枚なので、大きなよがり声をあげれば、隣室にも廊下にも筒抜けだった。

○妓楼の食生活は

宝暦期（一七五一～六四）に太夫の称号が廃止されるなど、吉原の遊女の階級は簡素化され、高級遊女である花魁、下級遊女である新造、遊女見習いの禿に大別されたが、待遇は階級によって決まった。

食事に関しても、階級によって待遇の差は歴然としていた。

図1は、妓楼の朝食の光景である。ただし、遊女が起床するのは四ツ（午前十時頃）だから、妓楼の本格的な朝は四ツだった。当然、朝食も四ツ以降となる。

注目すべきは、飯台と呼ばれるテーブルに向かい、新造と禿が食事をしていることだ。

飯台が置かれているのは、多くの奉公人や客人なども行き交う、一階の廊下と言ってもよいような場所である。しかも、食事をしているところは丸見えだった。

いっぽう、花魁は二階に個室をあたえられていた。食事も下女などが個室に運んでくれる。ひとりで食べるのがつまらないときは、朋輩の花魁などと一緒に食事をすることもあった。

現在の温泉旅館の区分によれば、新造以下は会場食、花魁は部屋食ということになろうか。

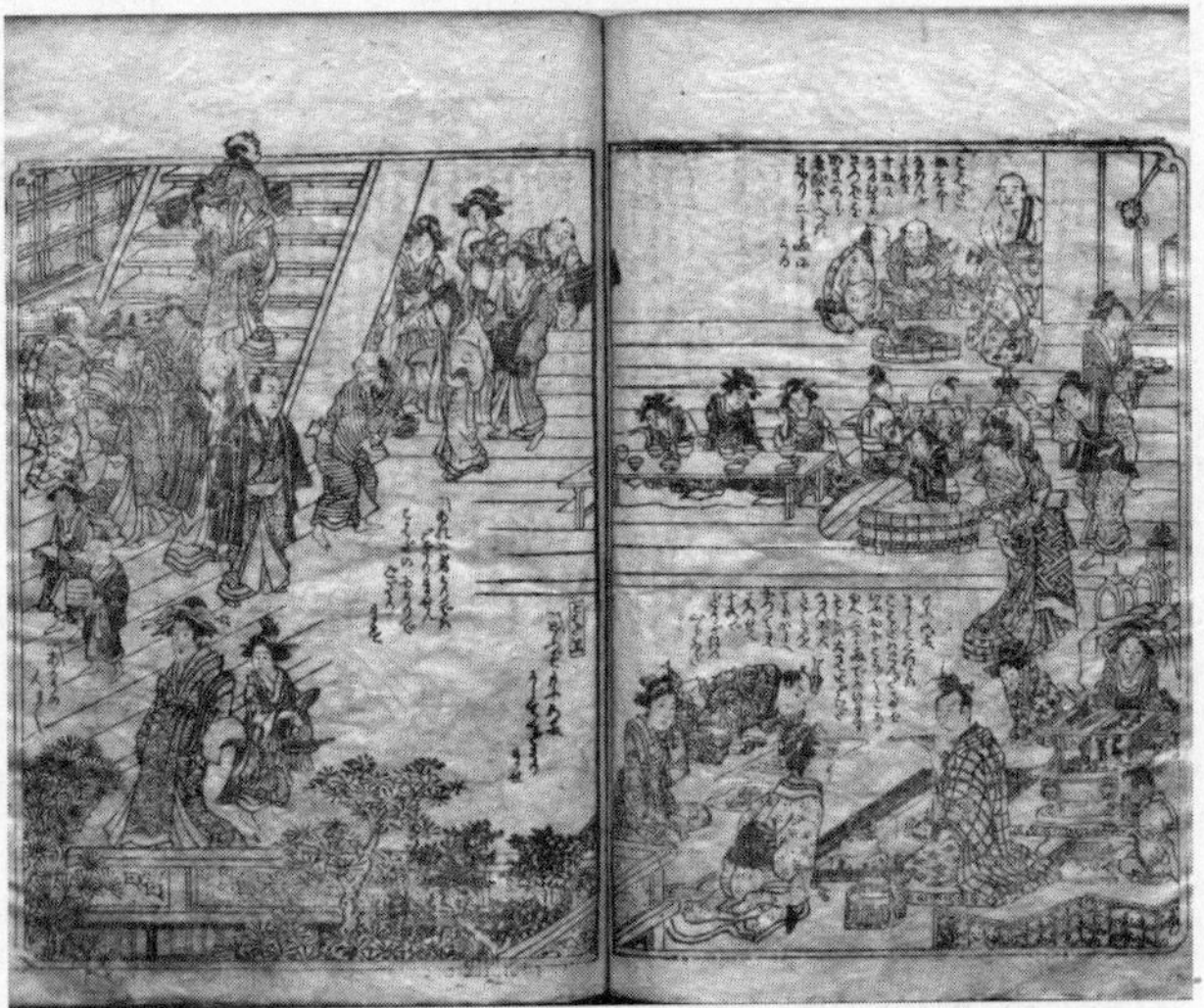

図1『聞道初音復讎』（山東京山著、文化６年）国会図書館蔵

このように、食事の場所こそ差があったが、妓楼が出す食事は質素だった。戯作『錦之裏』（山東京伝著、寛政三年）に、妓楼の朝食の光景が描かれているが、遊女たちがおかずについて——

「けさの惣菜は何だ」

「たしか芋に油揚でござりぃすよ」

「恐れるね」

「あやまりいす」

——と、てんでに不平を言う。

しかし、おかずこそ貧弱だったが、ご飯は銀シャリ（白米）だった。図1でも、大きな盥《たらい》に銀シャ

リが盛られているのがわかる。

当時、米を作る農民自身は滅多に銀シャリは口にできなかった。米を収穫しても、ほぼ半分を年貢に納めなければならない。残った米も大部分を売らなければ、現金収入がなかったからだ。

そのため、農民が日ごろ口にするのは雑穀や麦飯であり、銀シャリは特別なときに食べるご馳走だった。

毎日、銀シャリを食べられるという点からすれば、遊女の食生活は農民よりはるかにめぐまれていたといえよう。

また、妓楼が出す食事のおかずは貧弱だったが、花魁ともなると、客からもらった祝儀があるため、台屋と呼ばれる仕出料理屋から惣菜を取り寄せた。

もちろん、新造や禿にはできない贅沢である。

妓楼の考え方はおそらく、こうだったであろう。

「花魁のようにうまい物を食べたければ、もっと客人を悦ばせ、祝儀をはずんでもらえ」

なお、朝食と昼食こそ決まった時間にそろって膳についたが、夜は忙しいため、それぞれが手のすいたときに台所に来て、冷飯に湯をかけ、沢庵だけで流し込んだ。妓楼の食事は、朝昼夕の三食のうち、夕食がもっとも粗末だった。

『光明に芽ぐむ日』（森光子著）によると、妓楼が出す食事は――


朝飯《あさはん》。朝、客を帰してから食べる。味噌汁に漬物。

（中略）

昼飯《ひるはん》。午後四時に起きて食べる。おかずは大底煮〆《たいていにしめ》、たまに煮魚とか海苔。

夕飯。ないと言ってよい位。夜十一時頃おかずなしの飯を、それも昼間の残りもの、蒸かしもしないで、出してあるきり。味の悪い、沢庵《たくあん》もないときが多い。


――であり、大正期になっても江戸時代とほとんど変わっていなかった。

夕食は粗末といっても、全盛の花魁ともなると、夜は気前のよい客人が宴席をもうけるので、豪華な料理を賞味することができた。

図2は、派手な宴席の場面である。

客の男の右にいるのが花魁。三味線を弾いているのは、宴席に呼ばれた芸者である。

豪華な料理が置かれているが、これは台屋から取り寄せた物で、台の物といった。

もちろん、法外な値段だったが、こうした台の物を気前よく取り寄せるのが男の見栄でもあった。

客の男は美酒と美食を楽しみ、芸者や幇間の芸を楽しんだあと、花魁と床入りし、性を享楽したわけである。

いっぽうの花魁にしてみれば、こういう気前のいい客をとりこにすれば、自分も美食にあずかれたわけである。妓楼が提供する粗食など、人気のある花魁はほとんど無視していたろう。

図3は、台屋の調理場の光景。かなり繁盛しているようだ。

吉原にはこうした台屋がたくさんあり、豪華で高価な料理を妓楼に届けた。

いっぽう、図4は、説明しないと状況がわかりにくいかもしれない。

これは、お茶を引いた、つまり客の指名を受けなかった遊女が深

図2『玉屋新兵衛桶臥』（志満山人著、文政12年）国会図書館蔵

図３『春の文かしくの草紙』（山東京山著、嘉永６年）国会図書館蔵

夜、宴席の料理の残飯あさりをしている光景である。

戯作『総籬《そうまがき》』（山東京伝著、天明七年）に、宴会が終わって芸者が帰り、花魁と客が床入りしたあとの、新造たちの様子が描かれていて——

蝶足《ちょうあし》の膳を取り巻き、新造ども、げびぞうを始める。硯蓋《すずりぶた》の上に慈姑《くわい》の丸煮は古方家《こほうか》の医者の頭の如く、鹿茸《ししたけ》の甘煮は手習草紙を引き裂いたるに似たり。瓔珞《ようらく》手の蓋茶碗《ふたぢゃわん》の中は、古茄子《なす》の漬けたのに生醤油《きじょうゆ》をかけたやつ。

——という具合で、まさに残り物だった。「げびぞう」は下品な行為

図４『昔唄花街始』（式亭三馬著）国会図書館蔵

のこと。

残飯あさりといってしまえば、たしかにみじめな光景である。だが、当人たちにとっては切実だった。

というのも、先述したように、妓楼が提供する食事の惣菜は貧弱だった。こうして栄養補給をしないかぎり、体が続かなかった。残飯あさりは、彼女たちなりの知恵だったのである。

戯作『遊子《ゆうし》娯言《ごげん》』（鶯蛙楼主人著、文政三年）に、遊女の残り物利用の場面があり——

袋戸棚《ふくろとだな》より小さな網を出し、宵《よい》の刺身を取って置き、網の上にて付け焼きにして、七色唐辛子を手塩皿へ少しあけて、付けながら食わせるつもり……

——と、夜の宴席の残りの刺身を隠しておいて、次の食事のとき、火鉢の火で焼いて、唐辛子をふりかけて食べるつもりなのだ。

なんとも、いじましいといおうか。

しかし、妓楼が遊女や奉公人に出す惣菜には、魚介類や鶏卵などはなかった。残った刺身を隠しておいて、動物性たんぱく質の欠如を補ったといえよう。

◯自由時間の遊女

現代の風俗嬢は本業とアルバイトを問わず、決められた時刻に店に出勤するまでは自分の自由時間である。

ぎりぎりまで自宅で過ごす人もいるであろう。買い物などをして、時刻を見計らって店に行く人もいるであろう。友人と食事をしながら談笑し、

「あ、ごめん。もう、行かなきゃ」

と、その場で別れ、あわてて店に駆けつける人もいるかもしれない。

あるいは、まったく別な職場で仕事を終え、店に向かう人もいるであろう。

みな、時刻が来るまでは、基本的に店とは無関係な空間や人間関係のなかで過ごすことができる。

要するに、職住分離しているからである。

ところが、妓楼は職住同一だった。

遊女は仕事も生活も、妓楼内という空間で過ごさなければならなかった。周囲の人間関係もまったく同じである。

しかも、花魁は個室をあたえられていたが、新造や禿は大部屋に雑居だった。

吉原は一日に二回の営業で、

昼見世《ひるみせ》　九ツ（正午頃）～七ツ（午後四時頃）
夜見世《よみせ》　暮六ツ（日没）～八ツ（午前二時頃）

に分かれていた。

もちろん、客が昼見世から夜見世まで通して遊ぶこともできたが、その分、金がかかった。

また、夜見世は八ツまでだが、これは妓楼としての営業時間の終了である。寝床の客と遊女には、定まった終了時間はなかった。

さて、当時の人々は朝が早く、武家屋敷も商家も、下男下女などの奉公人は夜明け前に起きて、飯炊きをした。裏長屋に住む庶民も、女房は夜明け前に起きて同じく飯炊きをするのが普通だった。

ところが、遊女の朝はおそく、だいたい四ツ（午前十時頃）までに起床する。夜が明ける前に帰る客を階段まで、あるいは妓楼の出入り口まで見送ることもあったが、その場合も、遊女はふたたび寝床に戻って二度寝をした。

こうして、四ツまでに起床すると、まず朝風呂にはいった。図1は、妓楼の一階にある内風呂の光景である。内風呂だけに、浴槽は小さい。

図1『吉原たん歌』（安永５年）国会図書館蔵

内風呂は窮屈なのを嫌い、わざわざ湯屋に行く遊女も少なくなかった。吉原のなかには、湯屋もあったのである。

朝風呂のあとは朝食。

その後は、昼見世が始まる九ツまでに化粧や髪を結うなどの、客を迎える準備をしなければならないが、自由時間でもあった。およそ二時間の自由時間があったことになろう。

しかし、吉原の外に出ることは許されていない。同じ空間、同じ人間関係のなかで自由時間を過ごさねばならなかった。

図2は、昼見世が始まるまでの光景である。

一番左の女は鏡を見ながら、紅をさしているようだ。

左から二番目の女は女髪結に髪を結ってもらいながら、手紙を読んでいる。女髪結は毎朝、妓楼にやってきた。

三番目の女は腹ばいになって、本を読んでいるようだ。テレビもラジオもない時代だけに、読書が最大の娯楽だった。まわりに散乱しているのはカルタだろうか。

一番右の女は三味線を爪弾いている。

手前の女は、男に何やら託している。男はおそらく文使《ふみづか》いであろう。遊女の手紙を客の男に届けた。

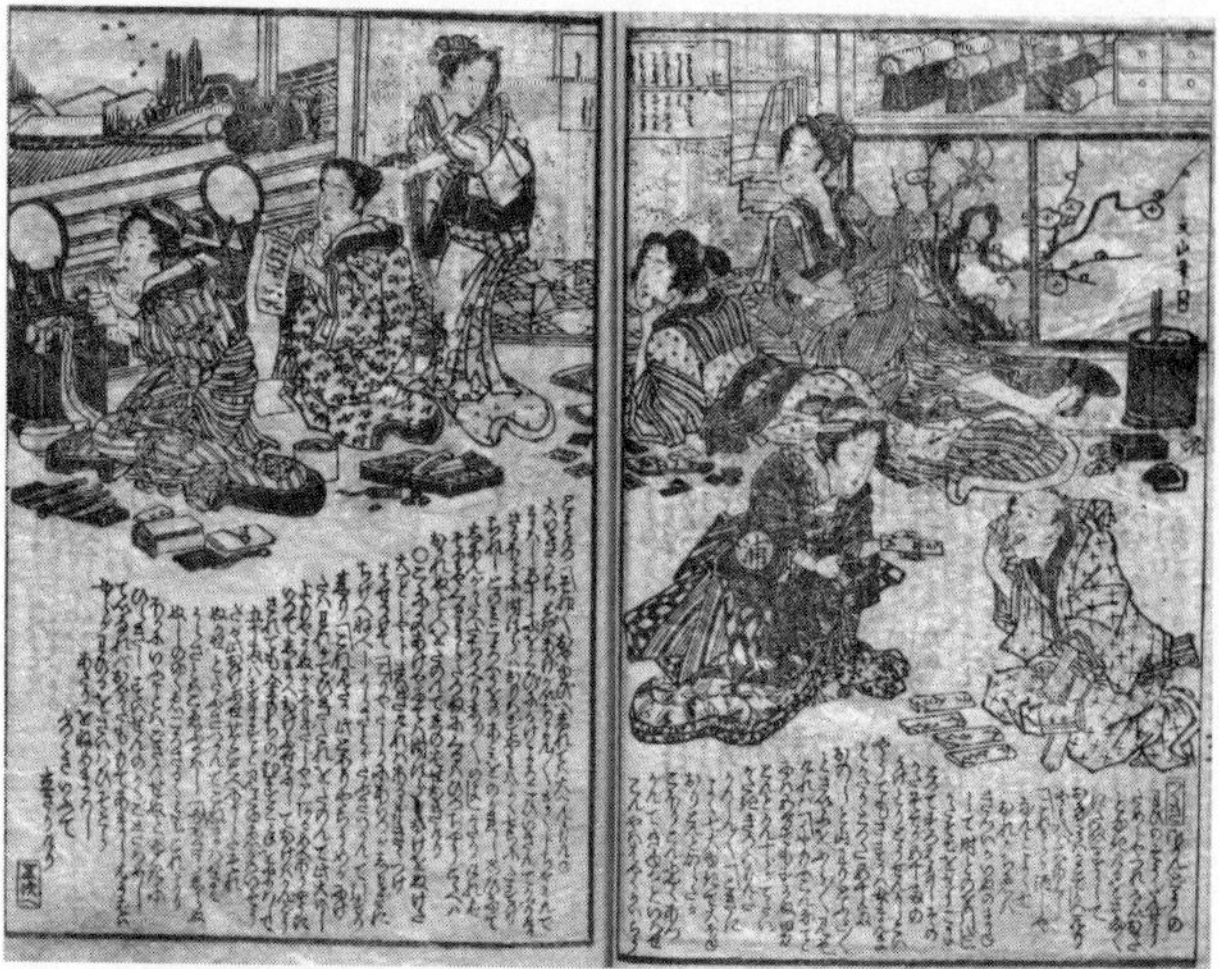

図2『北里花雪白無垢』（山東京山著、文政５年）国会図書館蔵

女は数通の手紙を託すようだが、相手こそ違え、文面は同じであろう。こうした舞台裏を知らない男は、遊女から手紙をもらうと驚喜した。

図3も自由時間の光景だが、夜見世が始まる前であろうか。雰囲気はけだるい。

絵の左下に横たわっているのは、遊女の浦里で、年齢は十九歳。客に酒を呑まされ、悪酔いしてしまった。

浦里を気遣い、別な遊女がこう声をかけ――

「浦里さん、起きて、この薬を飲みなんし」

――と、勧めているのは「袖乃《そでの》梅《うめ》」

だろうか。袖乃梅は酔い覚ましの薬で、吉原名物でもあった。

ともあれ、図2と図3を見ても、職住同一の妓楼の生活では、遊女にはまったくプライバシーがなかったことがわかろう。

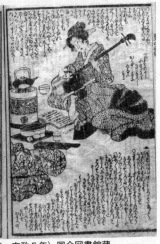

図3『北里花雪白無垢』（山東京山著、文政5年）国会図書館蔵

◯髪洗い日

図1は、花魁が床着《とこぎ》に着替えているところである。湯文字《ゆもじ》（腰巻）は、素人《しろうと》の女はたいてい白か浅黄色だが、遊女や芸者などの玄人《くろうと》は緋《ひ》縮緬《ちりめん》だった。ブラジャーに相当する物は着けない。

なお、春画では、花魁は豪華な打掛《うちかけ》を身にまとい、髪には櫛《くし》や笄《こうがい》を挿《さ》したまま客の男と情交しているが、これは誇張である。床入りするときは、髪飾りはすべて抜き取って懐紙に包み、打掛や上着は脱いで床着だけになった。

さもないと、高価な髪飾りが折れたり、打掛がよごれたりする。

図2は、花魁が女髪結に髪を結ってもらっているところである。

女髪結は髪を結いながら——

「花魁には、横兵庫《よこひょうご》がいっち似合います」

——と、お世辞を言っている。「横兵庫」は花魁独特の、華麗な髪形。「いっち」は、一番の意味である。

毎日、昼見世が始まる前に、花魁は妓楼にやってくる女髪結に髪を結ってもらった。

図１『逢夜鳫之声』（歌川豊国、文政５年）国際日本文化研究センター蔵

図2『契情畸人伝』（式亭三馬著、文化14年）国会図書館蔵

新造は、お互いに髪を結い合うことが多い。

禿は、56ページの図3にあるように、一階の入口付近で、男の髪結に髪を結ってもらった。

女髪結は吉原など、遊里独特の職業だった。

というのも、本来、髪結は男の職業だった。月代《さかやき》を剃《そ》り、髪を結ってもらうのは男である。

戯作『浮世床』（式亭三馬著、文政六年）でも、髪結床《かみゆいどこ》の客は男だけである。髪結床は、いわば近所の男たちのたまり場になっていた。

当時、女は自分で髪を結うべきとされていた。そのため、女相手の髪結床はなかった。

しかし、やはり自分で髪を結うのは大変である。そのため、武家屋敷や大きな商家など多くの奉公人がいるところでは、主人の妻女の髪は女中が結った。また、女中はお互いに髪を結い合った。さらに、個人営業の女髪結を家に呼ぶこともあった。

吉原では、女髪結が妓楼に出入りし、花魁の髪を結った。花魁の髪形は独特なので、女髪結でなければ無理だったのだ。

いっぽう、図3は女が髪を洗っている光景である。

現代では、シャワーや入浴の際に髪を洗うのが普通であろう。ところが、江戸時代は、シャワーがないのはもちろんのこと、入浴のときでもふんだんに湯水の供給があるわけではないので、髪は洗えなかった。

特別に湯を沸かし、図3のようにして髪を洗った。

吉原では妓楼ごとに、月に一回、「髪洗い日」が決まっており、その日に遊女はみな髪を洗った。逆から言えば、一カ月に一回しか髪を洗わなかった。普段は、丹念に櫛で髪を梳《す》き、よごれを落とした。

戯作『取組手鑑』（関東米著、寛政五年）に――

髪洗い日は二十七日なり。家により、節句前は違うことあり。庭の大釜《おおがま》で焚《た》くゆえ、

図3『大晦日曙草紙』（山東京山著、安政６年）早稲田大学図書館蔵

二階、しんとしているゆえ、薪《まき》のはねる音、聞こえるなり。この日、女郎、早起きゆえ、逮夜《たいや》は早く寝たがるものと思うべし。

――とあり、遊女は髪洗い日にはいつになく早起きをした。「逮夜」は葬式の前夜のことだが、ここは髪洗い日の前夜の意味である。

髪洗い日の当日、妓楼は朝から若い者も下女も、大忙しだった。庭に置いた大きな釜で湯を沸かし、盥に入れて用意したのだ。

戯作『総籬』（山東京伝著、天明七年）に、新造が――

「きょうは二十六日だね。うれしゅうおす。あしたは、髪洗い日でおすよ」

――と言う場面がある。やはり、一カ月に一回の洗髪では頭がかゆくなったに違いない。遊女も、髪洗い日を楽しみにしていたのがわかる。

○身請け

吉原の遊女の年季《ねんき》は、「最長十年、二十七歳まで」という原則があった。そのため、身売りのとき、この原則にはずれるような証文を作成することはできなかった。

吉原は公許の遊廓であり、吉原の遊女は公娼である。幕府も公娼には最低限の人権を保証したといおうか。

いっぽう、岡場所はそもそもが非合法の遊里で、遊女は私娼だった。吉原の原則は適用外である。そのため、岡場所の女郎屋では「最長十年、二十七歳まで」をはるかに超える、過酷な年季が設定されることも多かった。

さて、遊女は多くの男に身をまかす境遇ではあるが、やはり男女の仲であることに違いはない。男が馴染みとなって通ううち、真の恋愛に発展することがあった。

しかし、女は証文にしばられた身である。残りの年季を勤めあげるまで、あるいは二十八歳になるまで、吉原から抜け出ることはできない。男も女も年明け（年季明け）まで、ひたすら待つしかなかった。

だが、男にしてみれば、自分が惚《ほ》れた女が他の男にも身を任せる状況は耐え難い。

さらに、遊女を長く勤めれば勤めるほど、病気などで健康を害する確率も高まる。

そこで、妓楼に金を払って証文を破棄させ、年季途中の遊女の身柄をもらい受けることができた。これが身請《みう》けである。根引《ねび》きとも言った。

ただし、大金が必要だった。

楼主は、その遊女が残りの年季のあいだに稼ぐであろう金額の補償を求め、ここぞとばかりに吹っ掛けたのである。女を独占したいという男の心理に付け込んだともいえよう。

さて、史料で確認できるところでは、『元禄世間咄風聞集』に、元禄十三年(一七〇〇)――

高尾と申《もうす》太夫を水谷六兵衛と申町人千両にてうけ出し申候《そうろう》。

――とあり、本郷《ほんごう》の水谷六兵衛という町人が、三浦屋の高尾大夫を千両で身請けした。この高尾は三代目のようだ。

また、『俗耳鼓吹』(大田南畝著、天明八年)に、天明三年(一七八三)の秋――

瀬川、越後屋手代のものうけ出せしよし、千五百両をもて贖《あがな》しといふ、

――とあり、呉服屋・越後屋の手代が、松葉屋の当時全盛の花魁瀬川を千五百両で

身請けした、と。

しかし、越後屋がいかに大店《おおだな》とはいえ、手代が千五百両を払えるはずがない。おそらく手代は代理で、本当に身請けをしたのは大名、あるいは越後屋の主人であろう。

それにしても、千五百両とは驚きである。

高尾の千両や、瀬川の千五百両は極端としても、身請けには数百両がかかるのが普通だった。

遊女を身請けできる男など、ごく限られていた。それだけに、男の最高の見栄でもあった。

いっぽうの遊女にしてみれば、身請けされて年季の途中で吉原を抜け出るのは、まさに最高の玉の輿だっ

図1『結合縁房糸』（尾上菊五郎著、文政6年）国会図書館蔵

た。

図1は、花魁小紫《こむらさき》が弥市《やいち》という男に身請けされ、吉原を出るところで、本文には――

新造、禿、太鼓持、派手に送りて大門口、小紫は駕籠《かご》に乗り、弥市はあとに付き添いて、花の廓《くるわ》を立ち出でける。

――とある。新造や禿が見送りに来たが、女は切手なしに大門から外に出ることはできない。そこで、図1のような見送りとなった。

いっぽう、医者を乗せた駕籠以外、大門の内にはいるのは許されていない。そのため、身請けという祝事でありながら、小紫も大門を出てから、駕籠に乗った。

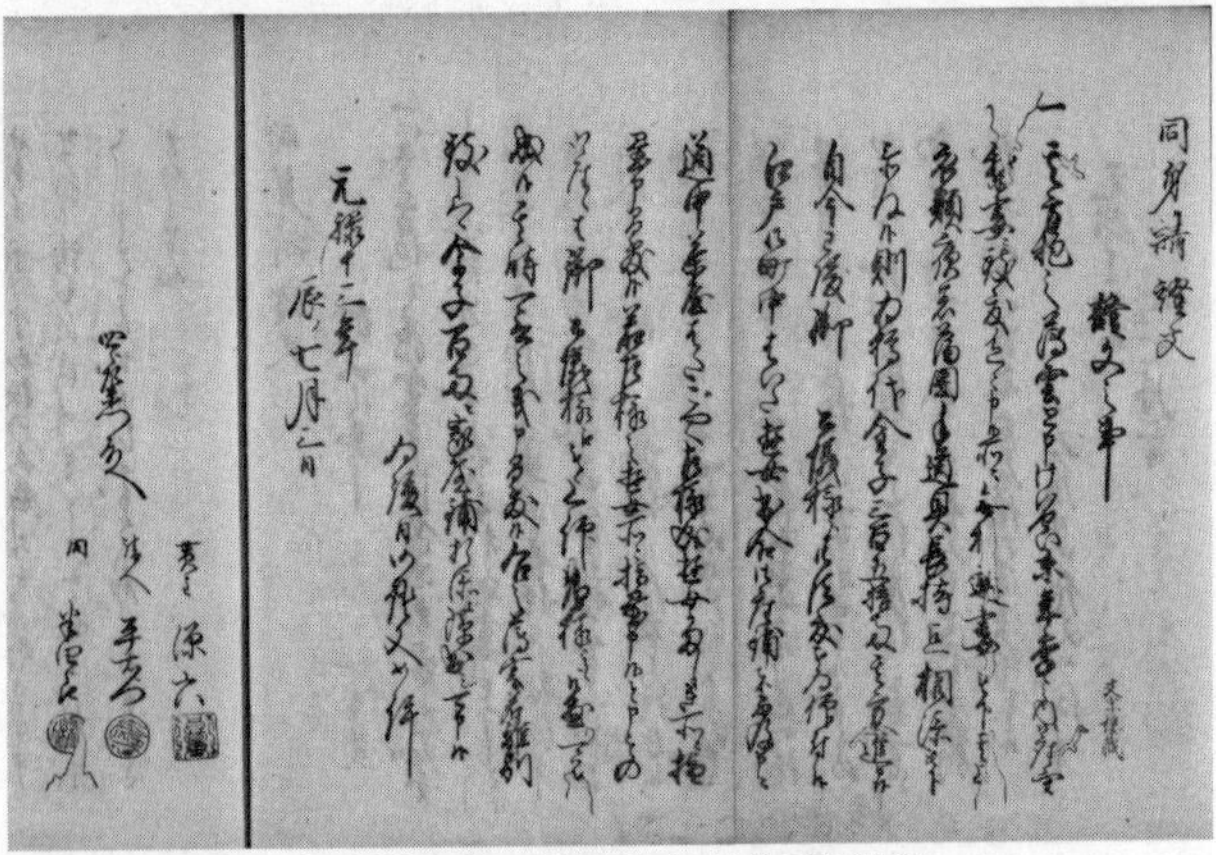

図2『花街漫録』（西村藐庵著、文政８年）国会図書館蔵

なお、大門の左に面番所が見える。なかにいるのは町奉行所の同心であろう。

この小紫のように身請けされたのは、僥倖《ぎょうこう》を得た、ごくひとにぎりの女だった。

図2は、花魁薄雲が身請けされたときの、身請証文である。証文によると、元禄十三年（一七〇〇）七月三日、金額は三百五十両だった。

○幸と不幸

吉原の遊女は、もとをただせばほとんどが農村の貧農の子、あるいは江戸の裏長屋に住む貧乏人の子だった。貧しい親が、女衒を通じて幼い娘を妓楼に売ったのである。

つまり、遊女は自ら望んで従事した「職業」ではなかった。

遊女は連日連夜、好きでもない男に身をまかせなければならない。要するに、売春を強要される境遇だった。

しかも、多くの遊女は年季の途中、二十代で病死した。不特定多数の男と性行為をするため、ほぼ百パーセントの確率で性病になったし、集団生活をしているため労咳《ろうがい》(肺結核)などの感染症にもかかりやすかったからである。

そう考えると、遊女の境遇は不幸かつ悲惨といえよう。

しかし、見方を変えると、当時の庶民の女では考えられないほどの贅沢と安楽を享受できる面もあった。その一例が、図1である。

図1は、妓楼に訪問販売に来た呉服屋が、反物《たんもの》を見せている光景である。集まって来た遊女は目を輝かせ、てんでに、

「いい柄《がら》だね」

「いい生地《きじ》だね」

図1『筆始清書冊史』（文尚堂虎円著、文化15年）国会図書館蔵

などと、評し合っているようだ。

当時、呉服屋が訪問販売をするのは吉原の遊女か、江戸城や大名屋敷の奥女中くらいだった。

反物の生地と柄を見て選び、着物をあつらえるのは、いわばオーダーメードである。当然、高価だった。

いっぽう、庶民は男女ともに、古着屋で着物を買うのが一般的である。裏長屋の娘、あるいは貧農の娘が反物から着物をあつらえるなど、ありえないことだった。

ところが、遊女は着物のオーダーメードもできたのである。

このように、遊女であれば衣食住の全般において、裏長屋や農村にいたときには考えられないような贅沢ができた。

　戯作『四季の花』（文化十一年）は貧農出身の遊女について――

　遠き田舎より売られ来ておいらんとなり、よき客に受け出され、思わぬ玉の輿に乗るもあり。田舎に居らば一生、土をほじりて暮らすべきを、親に売られて出世するも人の運にこそ。

――と、述べている。

　田舎にとどまっていたら貧しい農民の女房となり、一生、田畑を耕す人生である。しかし、親に売られて吉原の遊女になれば、運がよければ花魁に出世し、さらに富裕な客に身請けされることもある、と。

　遊女であれば衣食住で贅沢ができたと先述したが、もっと大きいのは、農作業や家事労働をまったくしなくてもよいことだった。

　たとえば、農村にとどまり、貧農の女房になれば、農作業、家事、育児、舅《しゅうと》姑《しゅうとめ》の世話など、労働に追いまくられる人生だった。それに、亭主の性的欲望にも応じなければならない。出産、育児、労働に疲れ果て、老いさらばえて、五十前後で死亡する。

　しかし、遊女はいわゆる炊事洗濯掃除などの家事労働は、いっさいしなくてよかった。

　図2は、花魁が三つ布団に腹ばいになり、按摩に腰をもませているところである。裏長屋や農村の女にはけっしてできない贅沢だった。もちろん、三つ布団の厚さは誇張がある。

　図3は、吉原の花魁・志賀山が富裕な町人に身請けされ、囲者《かこいもの》（妾）になった。その安楽の日々である。

　本文によると、妾宅には女中ひとりと、下女ふたりが雇われているので、志賀山は家事労働はまったくする必要がない。まさに、安楽な毎日だった。

女中と志賀山の会話は——

「お茶を入れて、おまんまにいたしましょう」

図2『両個女児郭花笠』（松亭金水著、天保７年）国会図書館蔵

図3『磯ぜせりの癖』（十返舎一九著、文化10年）国会図書館蔵

「なんぞ、おいしい物はないかや」

――であり、本を読みながら、志賀山はのん気なものである。

ただし、旦那がきたときは精一杯、性的に満足させねばならない。

女の人生として、農村にとどまるのと、売られて吉原の遊女になるのと、はたして、どちらがしあわせだったであろうか。

ところで、戯作『傾城禁短気《けいせいきんたんき》』（江島其磧著、宝永八年）に、遊女を身請けして囲者にすることについて――

飽《あ》きのきたとき、金付《かねつ》けて、家督《かとく》のある所へ縁《えん》につけてしまうべし。

――とあり、旦那に飽きられたらおしまいだった。

持参金を付ければ、嫁に迎えたいという男はたくさんいた。「家督」は、家や家業などの意。旦那は囲者に飽きがきたら、体《てい》よくほかの男に押し付けたのである。

そう考えると、図3の志賀山はもう一生安心というわけではない。

第四章　遊女の仕事とは

○花魁道中

吉原と聞いて、花魁道中《おいらんどうちゅう》を思い浮かべる人は多いであろう。

しかし、誤解も多い。誤解を生む理由に、「道中」という言葉があろう。

客に呼ばれ、花魁が新造や禿《かむろ》を従えて引手茶屋に向かうことも、さらに客と共に引手茶屋から妓楼に行くことも、道中というからだ。しかし、これは花魁道中ではなく、ただの道中である。

正確に定義すると、「花魁道中」はパレードである。

吉原は遊廓であると同時に、江戸の観光地のひとつでもあった。多くの男女が見物に訪れたが、そうした見物人が一番見たがったのが、図1のような花魁道中

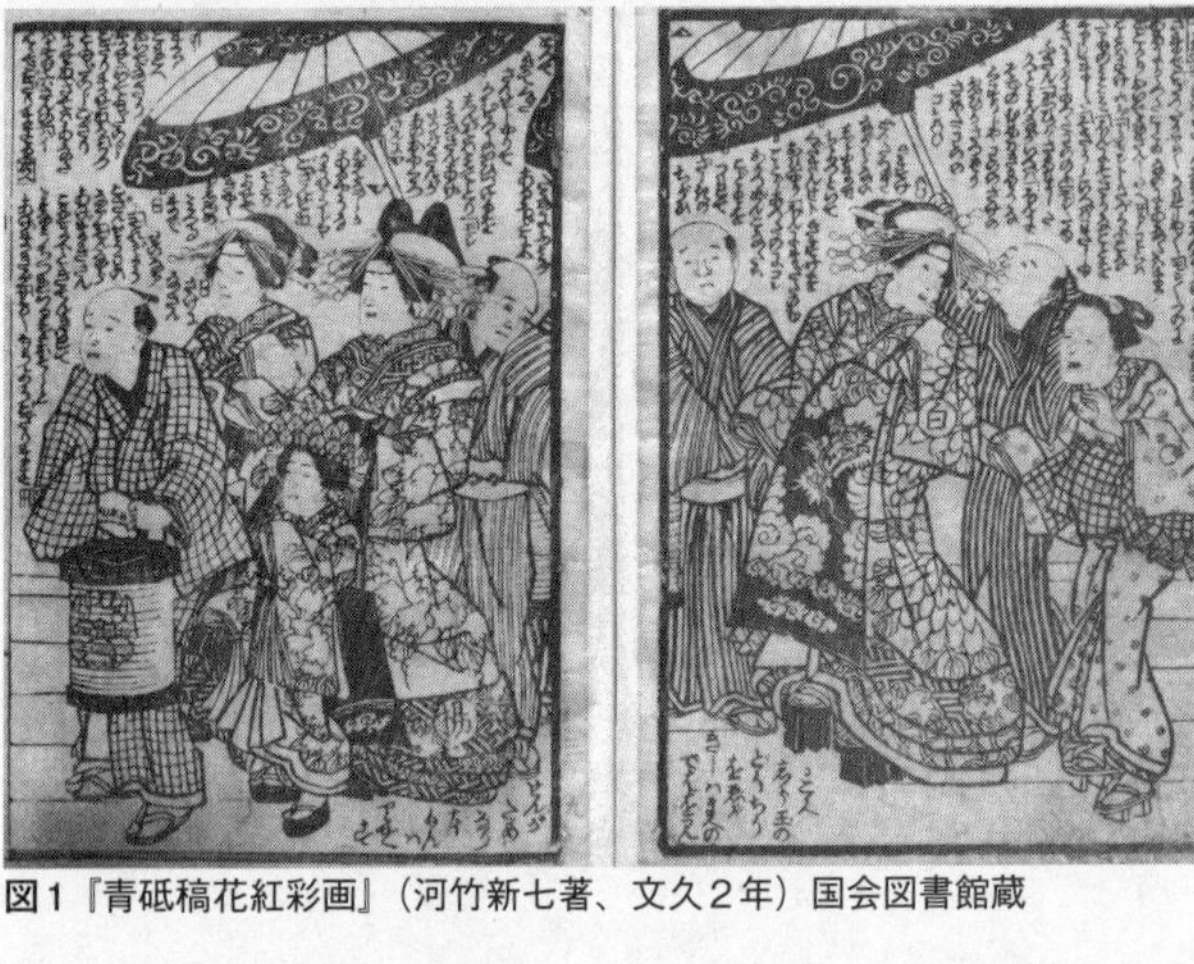

図1『青砥稿花紅彩画』（河竹新七著、文久２年）国会図書館蔵

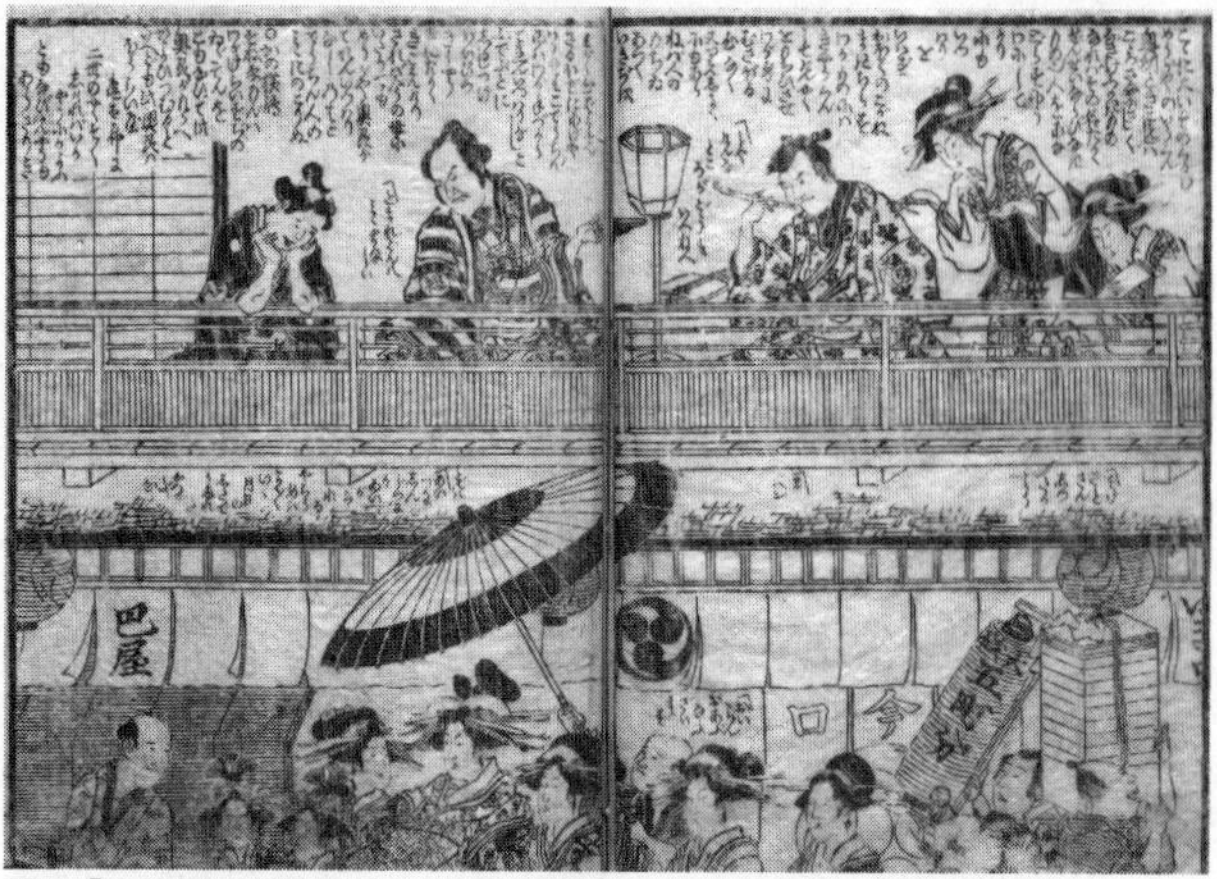

図2『金神長五郎忠孝話』（式亭三馬著、文化６年）国会図書館蔵

だった。

花魁道中は吉原観光の目玉だった。最大の観光資源と言ってもよい。

図1は、箱提灯《はこちょうちん》をさげた若い者と禿が先導している。若い者が長柄《ながえ》傘《がさ》をさしかけているのが花魁。最後の、年配の女は遣手である。

このようないでたちで、大通りである仲の町を練り歩いた。これが花魁道中である。

図2は、引手茶屋の二階座敷から、仲の町を進む花魁道中を見物しているところである。

本来、花魁道中を見物するのは無料である。それを、わざわざ引手茶屋にあがり、酒を飲みながら見物するのだ。もっとも贅沢な見物の仕方といえよう。

では、当時の人々はどのように花魁道中をながめ、感激していたのだろうか。その例をあげよう。

幕末期の佐賀藩士、牟田文之助《むたぶんのすけ》はおよそ二年間にわたり、諸国武者修行をおこなった。その旅の克明な日記が『諸国廻歴日録《しょこくかいれきにちろく》』である。

牟田文之助はいわゆる「硬派」だったが、そんな彼も吉原見物をしたがった。江戸滞在中の安政《あんせい》元年（一八五四）三月三日、別な佐賀藩士に案内されて、文之助は吉原に出かけ、花魁道中を見物した。

『諸国廻歴日録』には花魁道中の様子が興奮した筆致で描写されているが、文之助は文人ではないため、文章は当て字や誤字が多く、奇妙な漢文表記もある。そのため、次に分かりやすく現代語訳した。

花魁道中は華麗な行列だった。花魁は禿ふたりのほか、多数の下級遊女を引き連れていた。若い者が長柄の傘を高々とかかげて従っていた。花魁は三本歯の黒塗りの高い下駄をはき、ゆるやかに進む。髪には前後左右に髪飾りを挿し、その衣装は豪華絢爛。まさに天女のようだった。

文之助が花魁道中に感激していたのがわかろう。

それにしても、その描写は図1や図2とほぼ同じである。文之助がいかに熱心に観察していたかがわかる。

紀州藩徳川家の下級藩士、酒井伴四郎は万延《まんえん》元年（一八六〇）五月末、江戸に出てきて、藩邸内の長屋で生活することになった。その日記『酒井伴四郎日記』によると、七月十六日、伴四郎は藩士ら総勢五人で藩邸を出て、吉原で花魁道中を見物した。

江州堅田《ごうしゅうかただ》（滋賀県大津市）藩の庄屋錦織五兵衛は元治《げんじ》二年（一八六五）三月、公事《くじ》（訴訟）のため江戸に出てきて、数カ月間、滞在した。その日記『東武日記』によると、三月二十六日の夜、数人で吉原見物に出かけ――

新吉原夜ノ風景道《マチ》ノ真中ニ桜夥《おびただしく》敷植数万の燈灯ヲ釣、美々敷事難尽《つくしがたし》、日中の如《ごと》し。

――と記している。

なお、吉原では三月一日に植木屋が根付きの桜の木を多数持ち込み、仲の町に植えた。三月末までには、桜の木はすべて運び出す。また、当時の桜はソメイヨシノではないので、開花期間も長かった。

つまり、吉原では三月、仲の町に桜が咲いていたのである。

図3『全盛自筆三十六花撰　稲本楼』（落合芳幾、明治２年）都立中央図書館蔵

なお、五兵衛がわざわざ「道」に「マチ」と振り仮名を付けているのは、大通りの仲の町という意味であろう。

桜の下を進む花魁道中はもっとも華やかとされた。とくに、雪洞《ぼんぼり》の明かりに照らされた夜桜の下を進む花魁道中は、ため息が出るほどの美しさといわれた。

牟田文之助が吉原を訪れたのは三月三日だから、まさに桜の下を行く花魁道中をながめたことになろう。ただし、昼間だった。

いっぽうの、酒井伴四郎が見物したのは、桜とは無縁な花魁道中だった。

かたや、錦織五兵衛はまさに夜桜を見物していた。「日中の如し」と形容しているので、多くの提灯が吊るされていたのがわかる。

ところで、図1で、花魁が黒塗りの下駄を履《は》いているのがわかる。高さは五〜六寸(約十五〜十八センチ)もあった。

花魁道中のとき、花魁はこんな高い下駄を履き、外八文字《そとはちもんじ》と呼ばれる独特の歩き方で、ゆったりと進んだ。

もちろん、こんな歩き方は練習をしないと、とてもできない。

図3は、花魁が妓楼の廊下で、高い下駄を履いて、外八文字の稽古をしているところである。

○十八歳未満でもかまわない

図1は、山本屋の花魁・勝山の道中を描いている。客に呼ばれて、引手茶屋に向かう道中といっても、いわゆる「花魁道中」ではない。客に呼ばれて、引手茶屋に向かうところである。

花魁ともなると、多数の供を従えて道中する。先頭に禿がひとり、そして勝山、後ろに新造ふたりと禿ひとり、最後に遣手と若い者が従っている。

勝山の道中の背景からも、吉原のにぎわいがわかろう。

右端は、蕎麦《そば》屋の出前。芸者と、三味線を運ぶ若い者は、妓楼の宴席に向かうところだろうか。左端は笛を吹いている按摩で、杖を持っていることから盲目であろう。

さて、図1の勝山は、作中では十六、七歳という設定である。十六、七歳で上級遊女の花魁とは、信じがたいかもしれない。あくまで戯作『犬著聞傾城亀鑑』(墨川亭雪麿著、文政十年)の誇張なのだろうか。

しかし、戯作はフィクションとはいえ、当時の作者はたいてい吉原で遊んだ経験があったし、読者も吉原のことはくわしかった。それなりに根拠のあることを書いていたはずである。

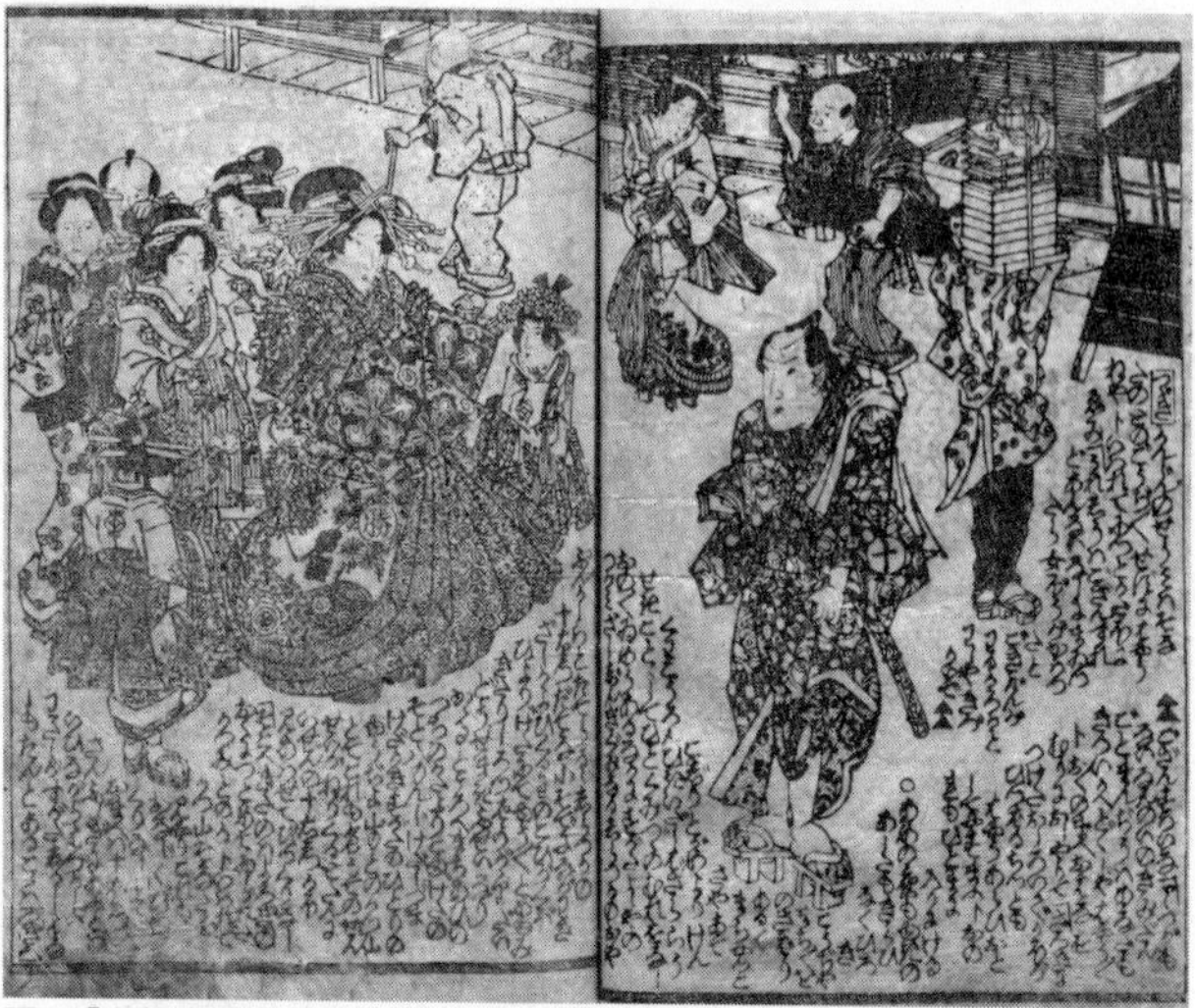

図1『犬著聞傾城亀鑑』（墨川亭雪麿著、文政10年）国会図書館蔵

　ひるがえって現代、法令で十八歳未満の男女との性交渉は原則として、淫行として禁じられている。また、性風俗店でも、たとえ本人が望んだとしても、十八歳未満の女性を雇用し、働かせるのは禁止されている。

　ところが、江戸時代にはセックスに関して、年齢による禁制は皆無だった。

　吉原の妓楼は、十歳前後で買い取った女の子を禿として教育したが、十四、五歳で下級遊女である新造とした。そして、初潮があるや、すぐに客を取らせた。

　つまり十四、五歳で新造として遊女デビューしたわけだが、人気があればすぐに花魁に出世した。新造と花魁では、その揚代は桁違《けたちが》いである。人気がある遊女は年齢にかかわらず花魁にしたほうが、妓楼はもうかったのである。

その意味では、吉原の遊女は年功序列制とは無縁の、実力主義の競争社会だった。このことを考えても、図1の花魁・勝山が十六、七歳というのはけっして不自然ではない。

ここで、吉原を舞台にした戯作で見てみよう。

『傾城買四十八手《けいせいかいしじゅうはって》』(山東京伝著、寛政二年)
「しっぽりとした手」の花魁は十六歳
「見ぬかれた手」の花魁は二十歳くらい
「真の手」の花魁は二十二、三歳

『傾城買二筋道』(梅暮里谷峨著、寛政十年)
「夏の床」の遊女は二十一、二歳
「冬の床」の花魁は十七、八歳

という具合である。

とにかく、みんな若い。

妓楼の楼主の著とされる『吉原徒然草』（元禄末〜宝永初）に――

女郎のさかりは、十七より十九二十とも、水あげより七年ともいへど、廿三四過れば、すがるゝ事、おうやうたがわず。

――とあり、遊女の盛りは十七〜十九、二十歳まで、水揚から七年といわれ、二十三、四歳を過ぎれば、もう衰える、と。

すなわち、吉原の遊女は若さを消耗させ、年季を終えたといえようか。

図2は、花魁の瀬喜川が引手茶屋に道中している様子である。

先頭に禿、新造、瀬喜川、禿、新造、そ

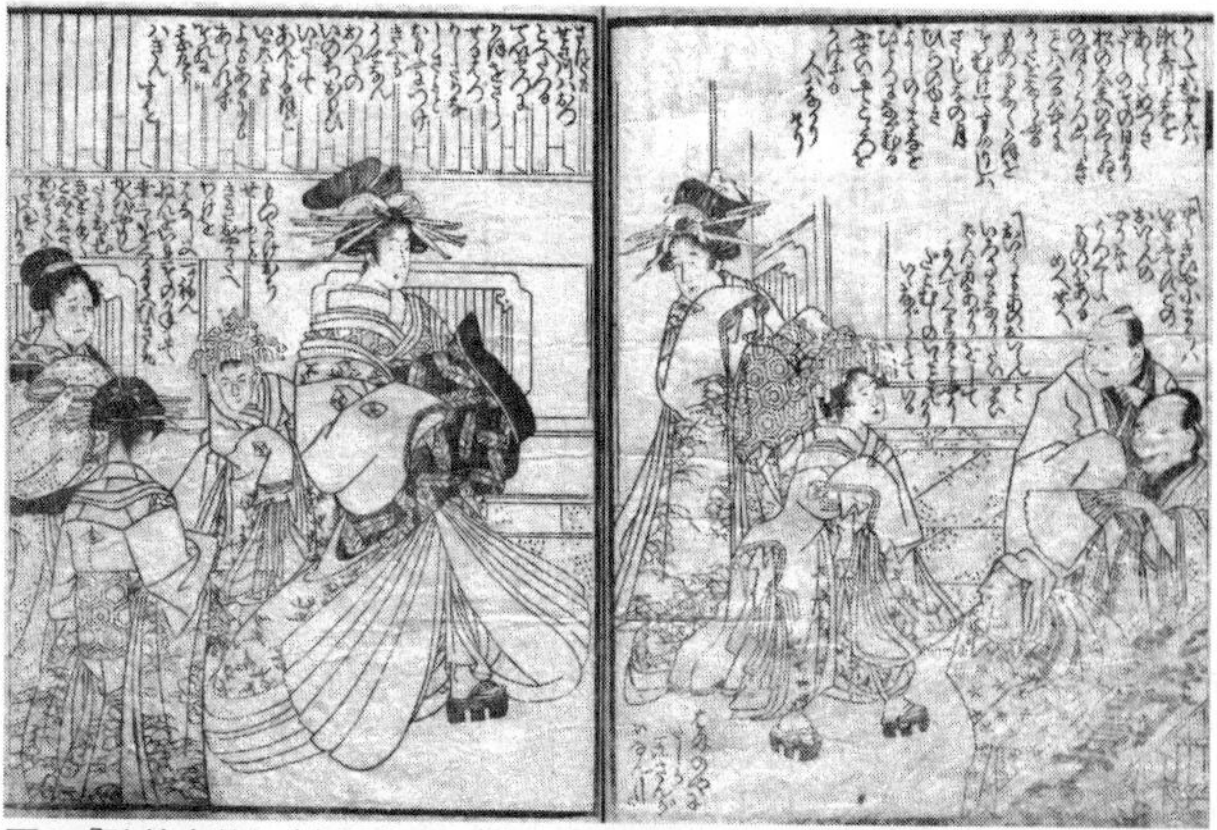

図2『跡着衣装』（十返舎一九著、文化元年）国会図書館蔵

して最後に遣手。作中では、花魁・瀬喜川は十六歳という設定である。これも、充分にあり得ることだった。

江戸時代は、十六歳の高級娼婦と公然と遊べる社会だった。

なお、当時の年齢は数え年である。十六歳は、現在の満年齢では十五歳である。誕生日によっては、十四歳ということもあり得た。

○廻しの悪弊

昭和三十三年（一九五八）四月一日から売春防止法が完全施行され、わが国の遊廓制度は終わった。逆からいえば、昭和三十三年三月末日まで吉原遊廓は存続したことになる。

『全国遊廓案内』（日本遊覧社、昭和五年）の「遊廓語のしをり」に、「廻《まわ》し制《せい》」について――

廻し花制とも云《い》ふ。一人の娼妓《しょうぎ》が同時に二人以上の客を取つて、順次に客から客へ廻つて歩く事。

――と定義している。娼妓は遊女のこと。また、同書は、「東京吉原遊廓」の特色として――

登楼してからの制度は全部廻し制で、所謂《いわゆる》東京方式と云ふ方法である。

――と述べている。

昭和になっても、吉原では「廻《まわ》し」が常態だったことになろう。しかも、「東京方式」という名称になっていた。

さて、江戸の吉原では一般的だった「廻し」は、いわゆるダブルブッキングといってよい。妓楼は遊女に、同一時間帯にもかかわらず、どんどん客を付けた。

同一時間帯に複数の客が付いている遊女は、金をもらっている以上、寝床をまわってサービス（性行為）をしなければならないはずである。ところが、往々にして、何人かの客を放っておいた。

これを、客の側からは、遊女が来た場合「もてた」といい、けっきょく遊女が来なかった場合「ふられた」といった。

図1は、遊女を待ちわびている男。

図2は、待ちくたびれた男が――

「さてさて、待ち遠なものじゃ。ちと珍しく畳算《たたみざん》でもしてみようか」

――と、つぶやいている。畳算は、占いの一種。

ふられた男を滑稽に描いた古典落語『五人まわし』などの影響もあって、廻しを面白おかしく解釈する向きもある。「もてない男は、しょせん、どこに行っても、もて

図１『穴可至子』（富久亭三笑著、享和２年）国会図書館蔵

図2『いろは歌二ツ巴』（志満山人著、文政７年）国会図書館蔵

ないんだよ」と、笑ってしまうといおうか。

江戸の人々も、図1と図2に描かれた「ふられた」男を見て、ニヤニヤしていたはずである。

しかし、廻しを現代の風俗店に置き換えて考えてみよう。

たとえば、A男がある風俗店で、七時から八時までの一時間のコースをえらび、受付に料金を支払ったとしよう。

ところが、相手の風俗嬢は同じ時間帯に、別なふたりの客も受け入れていた。

そのため、風俗嬢はA男のところには二十分ほどいただけで、すぐにほかの客B助のもとに行ってしまい、いっこうに戻ってこない。そのまま八時になり、プレイタイムは終了した。

じつは、風俗嬢は客のB助と気が合ったのか、四十分ほども一緒にいたのである。

A男の場合は二十分ほどプレイができたのでまだいい。三人目の客のC太には、風俗嬢は最初に顔を出しただけで、あとはほったらかしだった。

つまり、それぞれ一時間のプレイタイムの料金を払いながら、A男は風俗嬢と二十分間しか一緒に過ごせなかった。C太に至っては、金を払いながら、何もできなかったのである。

A男はもちろんのこと、とくにC太は激怒するであろう。激怒して当然である。

廻しは理不尽な制度だった。とくに「ふる」のは、商道徳に反する、詐欺行為といってもよかろう。

しかし、この廻しで、遊女が客を「ふる」のを、わがままや怠慢と非難するのは必ずしもあたらない。

遊女にしてみれば、同一時間帯に複数の男すべてにサービスしていたら、体がもたなかった。客の男を「ふる」のは、遊女の自己防衛の側面もあったのだ。

廻しは妓楼が売り上げを伸ばすため、遊女に過重労働を強《し》いていたことにほかならず、遊女には過酷な制度だった。

いっぽう、客には何かと不満のある制度だった。廻しで、遊女がなかなか寝床に来ないことに客が立腹するのを、野暮などと評するのは見当はずれであろう。

元凶は江戸の妓楼の経営方針にあった。廻しは吉原、そして江戸の遊里の悪弊《あくへい》といってよい。

紀州藩の医師が江戸の見聞を記した『江戸自慢』（幕末）に――

娼婦《おやま》ハ廻しと言事あり、一人の女郎ニて一夜ニ客三四人も引受、彼方《かなた》より此方《こなた》、此方より彼方と順々廻り、乗せて下ろして又乗せて、渡し舟の如く……

と、江戸の廻しを、「渡し舟のように乗せて、おろして、また乗せて」の状態だと、あきれている。

というのも、京都や大坂など上方《かみがた》の遊里には廻しはなかったからである。

いや、江戸どころか、昭和の吉原も前述したように「東京方式」と称して、廻しをおこなっていたのである。

○割床と名代

江戸の遊里の習慣や制度のなかで、現代人の感覚でもっとも受け入れがたい、あるいは耐え難いもののひとつが、割床《わりどこ》であろう。

割床とは、いわゆる相部屋である。

部屋のなかを屛風《びょうぶ》や衝立《ついたて》で仕切って複数の布団を敷き、それぞれで遊女と客の男が性行為をする。

視界こそさえぎられるが、物音も声も筒抜けだった。ふたりの会話はもちろん、女の「ああ、いい、いく、いく」などの淫声は隣に聞こえた。隣どころか、部屋中に丸聞こえといってよかろう。

現代の風俗店でいえば、部屋に所狭しとベッドを並べ、仕切りはカーテンだけ。そんなベッドで、客と風俗嬢がプレイをするようなものだろうか。

もちろん、こんな風俗店は客から敬遠されるのは間違いないし、風俗嬢にとっては劣悪な労働環境であろう。

ところが江戸時代、江戸の遊里では割床が当たり前だった。江戸に限らず、街道の宿場の女郎屋や、各地の遊廓でも同様であり、割床は全国的な習俗だった。

高級な吉原でも、下級遊女である新造は個室を持っていないので、客と寝るときは

「廻し部屋」と呼ばれる大部屋で割床だった。

上級遊女である花魁は個室をあたえられていたので、客はそこに迎えた。しかし、廻しで複数の客がついているときは、一番大事な客を個室に迎え、ほかの客は廻し部屋に寝かせた。

花魁も廻し部屋で、つまり割床で客と情交していたのである。

図1で、屏風で仕切られただけで、ふた組の男女（客の男と遊女）が同衾《どうきん》しているのがわかる。もちろん、廊下に面した障子が開放されているのは、様子を読者に見せるための絵師の作為である。

物音も声も筒抜けだが、お互いに隣りの様子に刺激され、奮い立つという、

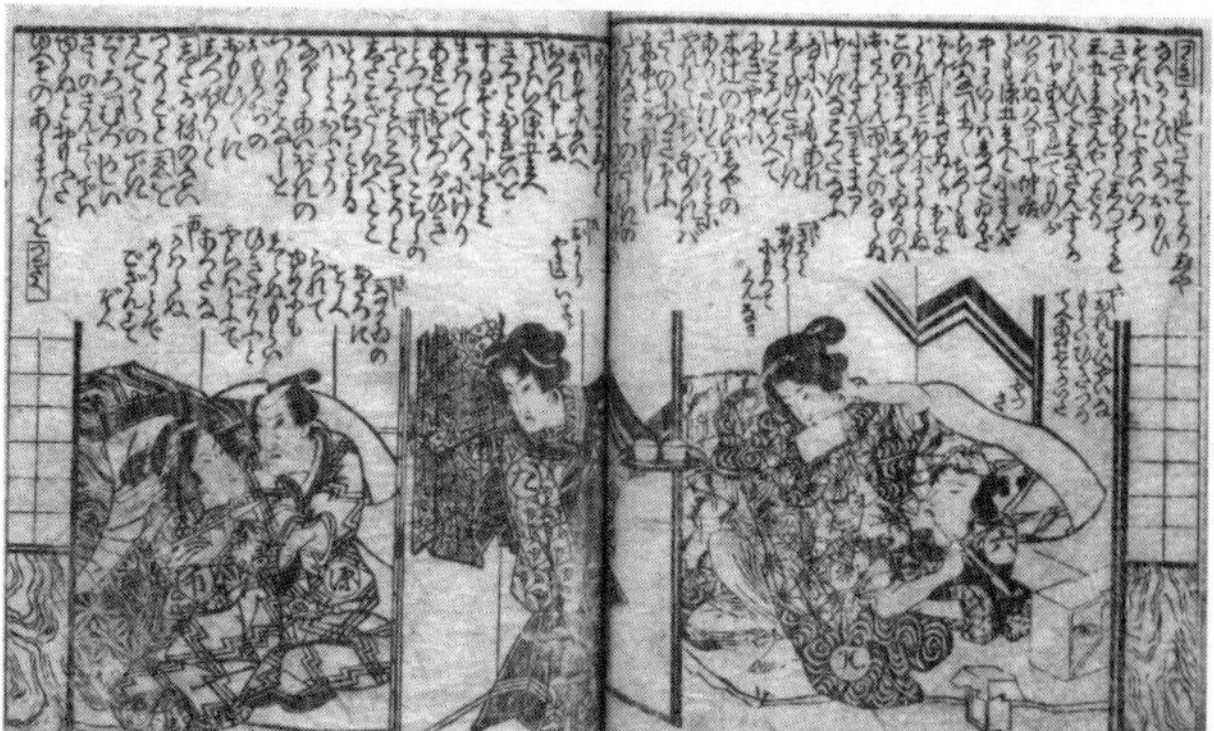
図1『恵方土産梅鉢植』（欣堂間人著、文政5年）国会図書館蔵

相乗効果があったかもしれない。

図2も、割床の情景である。左の客は痴話喧嘩をしているようだ。喧嘩の遣り取りはもちろん、周囲に筒抜けだった。

さて、吉原の花魁は廻しで複数の客がいるとき、一番大事な客を自分の個室へ、そのほかの客は廻し部屋で割床へ、と先述した。

図3は、花魁の個室の光景。

寝床では、客が花魁が来るのを待っている。寝床のそばにいるのは、名代《みようだい》の新造である。

名代とは、花魁から、

「わちきが行くまで、客人の○○さんの相手をしていや」

と派遣された者のことで、吉原独特

図2『鸚茶曽我』（芝全交著、安永９年）国会図書館蔵

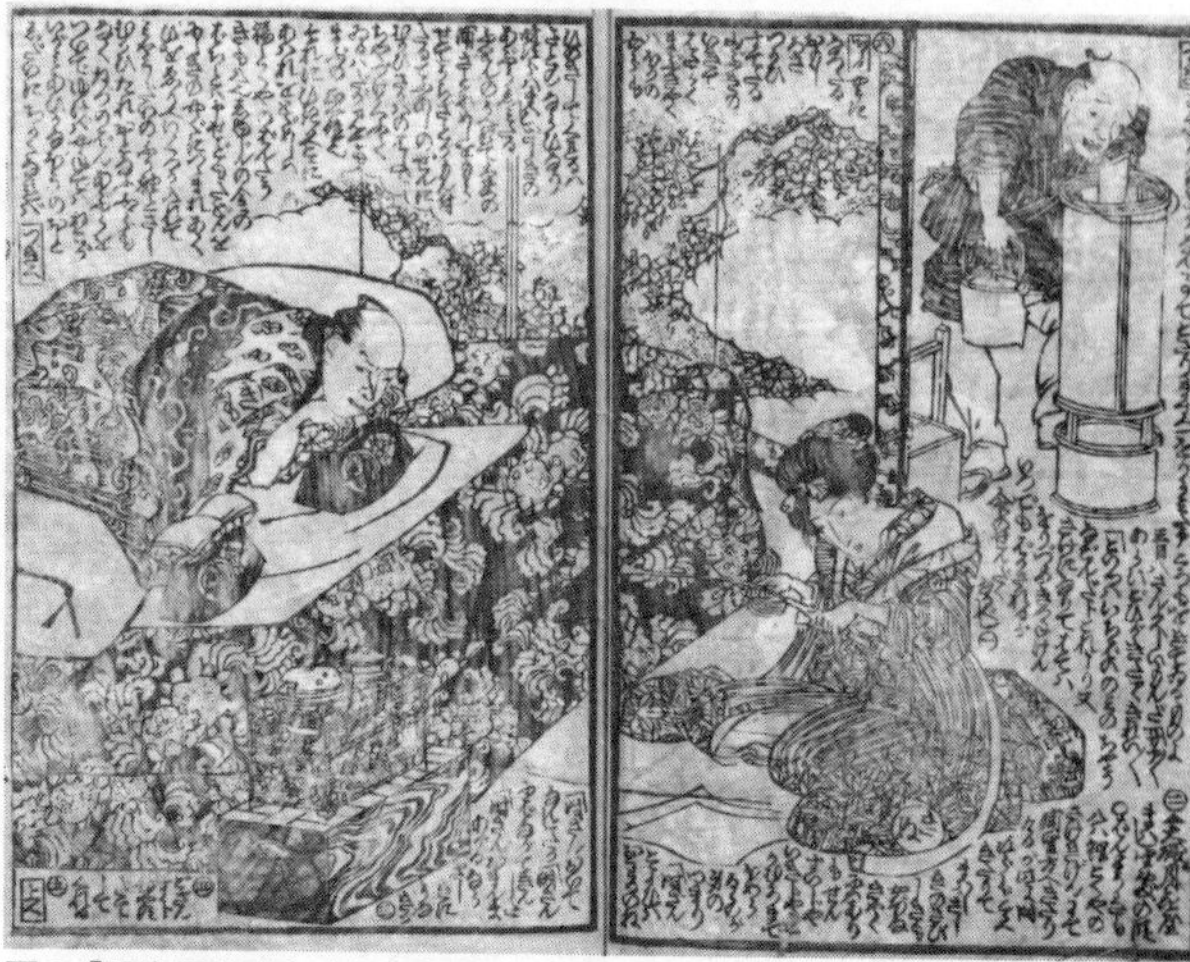

図3『明烏雪惣花』（山東京山著、文政8年）国会図書館蔵

の制度だった。

ただし、「相手」といっても、あくまで「話し相手」であり、けっして「性の相手」はしてはならないのが掟《おきて》だった。

もし客と情交したのがわかると、その新造は手ひどい折檻を受けた。

しかし、客の男にとっては、この状況はつらい。

十六歳くらいの若い新造とふたりきりで過ごしながら、手を出してはいけないのである。

そう考えると、吉原の名代という制度は、なんとも残酷といおうか、醜悪といおうか。

なお、春画には、客の男が名代の新造と性交しているものがある。そ

図4『欠題艶本』（鳥居清長、天明3年頃）国際日本文化研究センター蔵

の例が、図4である。新造は――

「もしえ、花魁へ知れると悪うおすから、およしなんしよ」

――と、あらがっている。

しかし、男は新造の抵抗などなんのその、強引に挿入するつもりのようだ。春画は男の願望を実現してやった、といおうか。

余談だが、図3の右に描かれているのは、行灯に油を継ぎ足す不寝番《ねずのばん》。妓楼では、客のいる部屋は一晩中行灯をともし、真っ暗にはしない。そのため、不寝番が夜中、行灯に油を継ぎ足して回ったのである。

○三会目で肌を許すは嘘

遊女にとって初めての客は、初会《しょかい》や、初会の客人といった。二会目を裏《うら》とか、裏を返すといった。三会目で、その客は馴染《なじ》みと呼ばれるようになった。

さて、吉原の遊女は気位が高く、「初会の客とはほとんど口も利《き》かない。裏で、笑顔を見せ、話もするが、まだ床入りはしない。三会目で馴染みとなり、遊女はようやく客の男に肌を許す」という説がいまなお、江戸関係の本に散見する。

また、この「三会目でようやく肌を許す」説を信じている人は少なくないようだ。

だが、この「三会目」説は根拠のない、空言《そらごと》である。孫引きによって広まった、一種の吉原伝説といえるかもしれない。

常識で考えてみよう。吉原の妓楼に限らず、広くサービス産業で考えたほうがわかりやすいかもしれない。

あるサービス業の店に行き、料金は支払ったのに、サービスは何もなく、体《てい》よく追い払われたとしよう。客が怒って抗議した。すると、店側の回答はこうだった。

「これが、うちのシステムです。二回目までは料金だけいただき、サービスはありません。しかし、三回目からは、真心のこもったサービスをします」

この回答に納得し、二回も無駄金を払ってまで、三回目に期待する男がいるだろうか。いや、客は二度とその店には行かないであろう。

江戸時代の男も同じだったはずである。

妓楼にあがり、遊女と対面した。ところが遊女はろくに口も利《き》かず、そのうち、プイと消えてしまった。けっきょく、揚代だけ払って、むなしく帰らなければならないとなれば、武士も庶民も猛然と抗議したであろう。少なくとも、その妓楼には二度と行かない。こんな妓楼は早晩、潰れたはずだ。「三会目で肌を許す」商売が成り立つはずがない。

吉原を舞台にした戯作《げさく》は多いが、どの作品でも、客の男は初会から花魁と床入りしている。もちろん、先述したように「廻し」があったので、遊女がなかなか寝床に来ないというのは、あるが。しかし、三会目でようやく床入りできたなどは、皆無である。

『色道大鏡』(畠山箕山著、延宝六年)に、初会の心得について――

初会にても、再会にても、床《とこ》へいるべきに、ふる事ゆめゆめなかれ……(中略)……かくして以後末とほらざるは女郎の失なり、

――とあり、初会から床入りすべしとしている。また、初会で客を不快にさせて、

逃がしてしまったら、遊女の手落ちだぞ、と。

ごく妥当な意見であろう。この妥当さは、現在も江戸時代も変わるまい。

『古今吉原大全』（明和五年）も――

初会に床《とこ》で首尾《しゅび》せぬは客の恥。裏に会わぬは女郎の恥と、言い伝う。

――と述べ、遊女は初会の床で客を満足させ、とりこにしてしまわねばならない、と。これも、もっともな教えといえよう。

では、なぜ「三会目でようやく肌を許す」などという奇妙な俗説が生まれたのであろうか。

おそらく、宝暦期以前の、揚屋制度があり、太夫がいた時代。

太夫の客は、大名などの上級武士か豪商で、身分や金の威光で、何でも思うがままになると信じている男たちだった。初会の席で、そんな男の権柄《けんぺい》ずくな言動にカチンときた太夫は床入りもせず、さっさと揚屋を引き上げ、妓楼に帰ってしまった。ふられた武士や豪商にしてみれば、そんな太夫の態度はかえって新鮮な魅力に映ったであろう。さらに、意地になったこともあり、初会に懲《こ》りず、三度も通ってきた。そうなると、太夫も情にほだされて、肌を許した……

こんなエピソードがあり、それが喧伝《けんでん》され、尾鰭《おひれ》が付き、ついには吉原伝説になったのではあるまいか。

たとえば、戯作『好色二代男』（井原西鶴著、貞享元年）に、吉原に揚屋制度があったころの話がある。

津田という男が揚屋にあがり、吉野太夫を呼んだ。やってきた吉野は、盃の酒を呑み、しばらく話をしただけで、「明日はお早う」と言い残すや妓楼に引きあげた。翌日、津田が揚屋にあがると、吉野もやってきて——

なずめば、女郎も昨日《きのう》の言葉末《すえ》に、情《なさけ》を含み、機嫌よく床《とこ》とらせて、枕近寄せ、五七度も逢《あ》い見しように移る。

——という具合で、初会こそすげなかったものの、裏ではそれこそしっぽり濡れた。これも、初会は気を持たせる手練手管《てれんてくだ》だったのかもしれない。

しかし、初会は床入りしなかった事例があったというのと、吉原の風習だったというのは、まったく異なる。

図1は、初会で、行為を終えたあとの遊女と男。遊女が——

図１『黒白水鏡』（石部琴好著、寛政元年）国会図書館蔵

「裏には、どうぞ、ぬしひとり、おいでなんし」

——と、男をうれしがらせている。男は友人に連れられ、初めて吉原の妓楼にあがったようだ。この分だと、男はきっと裏を返すであろう。まさに、初会から遊女に籠絡《ろうらく》されてしまった。

戯作『色講釈』（十返舎一九著、寛政十三年）では、水狂《すいきよう》と辰三郎というふたりの男が吉原に繰り出すが——

水狂、辰三郎は茶屋、船宿《ふなやど》を連れて大見世《おおみせ》へしけこむ。尤《もつと》も、初会。座敷の内いろいろあれども、ここに端折《はしよ》って、すぐに床へまわる。

図２『逢夜鳫之声』（歌川豊国、文政５年）国際日本文化研究センター蔵

――という具合で、ふたりは引手茶屋の若い者や、船宿の船頭まで引き連れて大見世にあがった。そして、大見世だったが、初会からちゃんと床入りしている。

図2では、花魁が「初会から取り乱してしまい、恥ずかしい」と、男にうれしがらせを言っている。初会にもかかわらず、花魁は快感の絶頂を味わったと客の男に告げているのだ。もちろん、内心では舌を出していたろうが。

なお、花魁の頭に髪飾りが満艦飾なのは誇張である。床入りの際には、髪飾りははずした。

○遊女にとっていい客とは

『ソープランドでボーイをしていました』（玉井次郎著、彩図社、二〇一四年）は、ソープ嬢が歓迎する客について──

一番喜ばれるのは短小で早漏で優しい人だ。

──と、断言している。

この三条件は、江戸時代にもそっくりあてはまった。

吉原の遊女は、短小で、早漏で、やさしい男を歓迎した。いわば上客《じょうきゃく》だった。

要するに、自分が楽をできる客だったからである。

短小だと、挿入もたやすい。

早漏だと、すぐに射精させて終わらせることができる。

性格がやさしいと、廻しで長時間放っておいても、怒って若い者を呼びつけ、難癖をつけるなどもしない。

いっぽう、遊女に嫌われ、内心で軽蔑されたのが半可通《はんかつう》の客である。

図1に半可通の客が描かれている。遊女の目に、嫌悪とさげすみの色があるのがわ

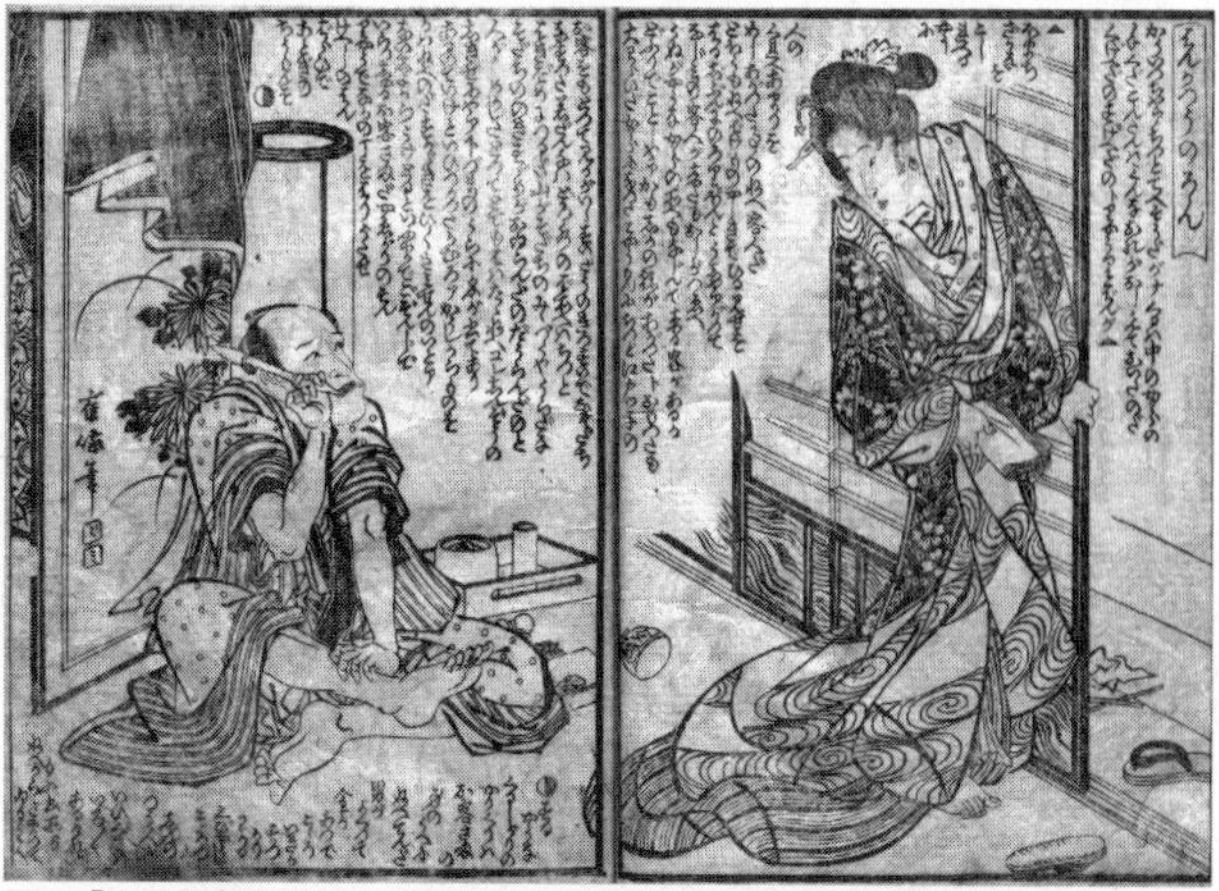

図1『出謗題無智哉論』（東里山人著、文政８年）国会図書館蔵

かろう。

半可通とは、知ったかぶりをして、自慢ばかりする男のこと。要するに、

「おらぁ、江戸っ子だぁ」

と、江戸生まれを自慢し、とにかくよくしゃべって、吉原の知識をひけらかす、軽薄な男である。

吉原の遊女は元をただせば、ほとんどが農村の貧農の娘だった。貧しい親に売られ、遊女になったのである。

そんな遊女からすれば、「おらぁ、江戸っ子だぁ」という男の能天気な自慢は、なんとも腹立たしかったであろう。

しかも、江戸っ子自慢をしながら、意外とケチだったりすると、もはや軽蔑の対象となった。

遊女は陰で、そんな男を、

「ふん、あの半可通が」

と馬鹿にし、溜飲《りゆういん》を下げたのである。

ともあれ、短小、早漏、やさしい男が遊女に好かれたわけだが、これはあくまで客として歓迎したのであり、恋愛感情とは別である。

客のなかの、遊女が真に惚れた男を、間夫《まぶ》とか情男《いろ》といった。

遊女は売り物、買い物であり、金を払う男には身をまかせなければならない。それだけに、真の恋愛にあこがれていた。

そんな遊女の心の隙間にはいり込んだのが間夫だった。

いっぽうの男からすれば、吉原の遊女の間夫になるのは最大の見栄だった。

戯作『廓之桜』（梅暮里谷峨著、享和元年）で、楼主がこう語る――

物堅《ものがた》い屋敷でさえ、顕《あら》われれば命に及ぶを知りつつ、惚《ほ》れ合うも悪縁《あくえん》で、いくらもある。ことには色の廓《くるわ》だものを、惚れたり惚れられたりする楽しみがなくって、体がどう続くものか、

――風儀の厳格な武家屋敷でも密通は多い、まして、ここは吉原である。遊女も色

恋をするからこそ、体が続くのだ、と。まるで、間夫を認め、勧めているかのようである。

というのは、間夫は遊女の生きがいになったのである。遊女の勤労意欲を高める点では、妓楼も間夫を否定しなかった。

しかし、間夫が遊女の励みになっているあいだだけである。楼主や遣手はひそかに観察していた。

そして、遊女が間夫に夢中になって、ほかの客をおろそかにしていると見るや、ふたりの仲を裂き、男の登楼を断った。要するに、会わせなくしたのである。

図2は、遊女と間夫の忍び会いである。

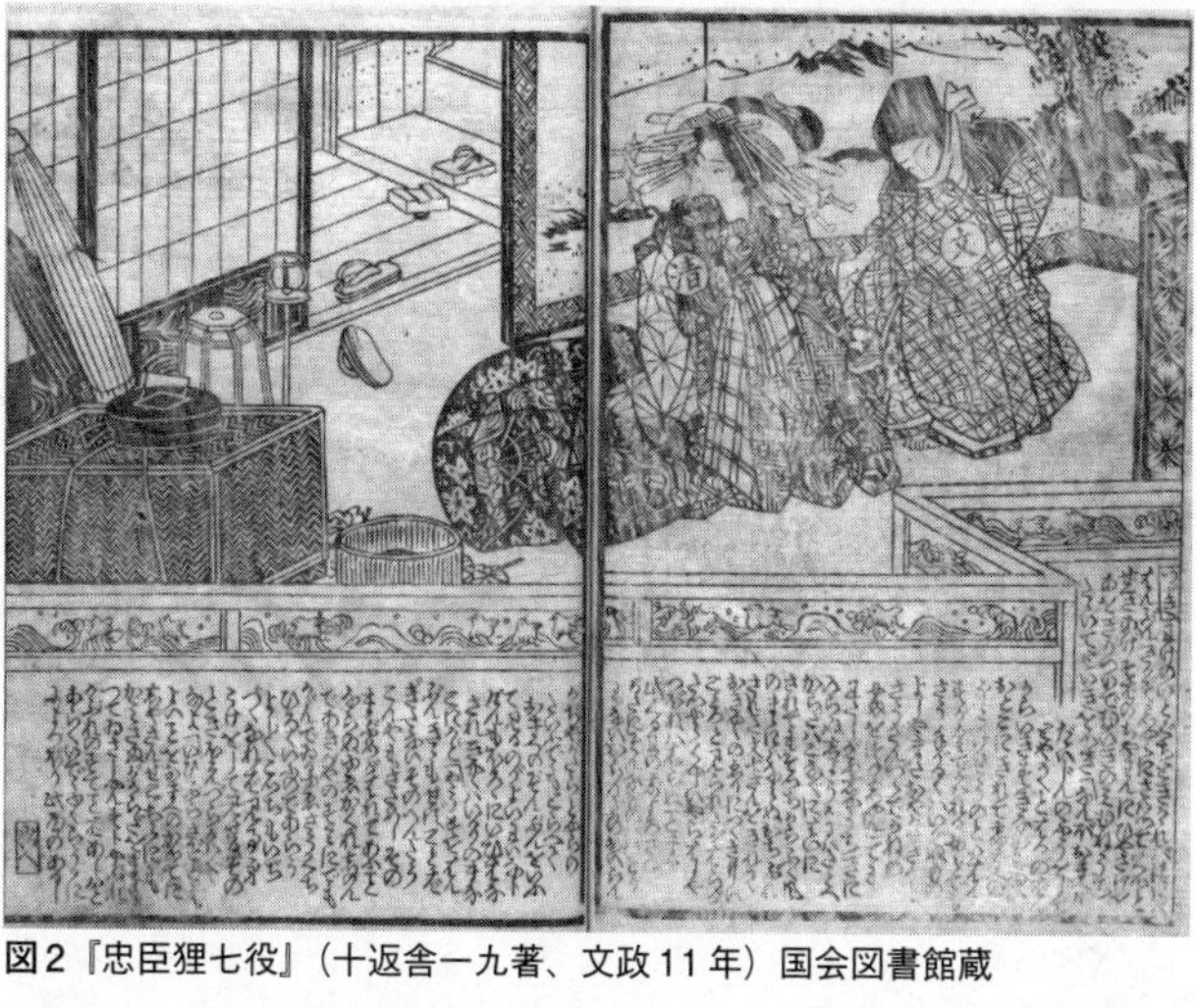

図2『忠臣狸七役』（十返舎一九著、文政11年）国会図書館蔵

図3『情競傾城嵩』（坂東秀佳著、文政９年）国会図書館蔵

正式に登楼することはできないので、間夫はこっそり妓楼に忍び込んだのであろう。場所は、二階の男用小便所のそばの部屋である。

いっぽう、図3に、張見世の格子を境にして、話をする間夫と遊女が描かれている。間夫は人目を避けるように手ぬぐいで頬かぶりをし――

「金の罰《ばち》で、いまのこのざま。面目次第もない」

「わたしとても、心にまかせぬことばかり。察しておくんなんし」

と、愁嘆場を演じている。

男は金が続かなくなって、もはや登楼はできない。張見世のときに、こうして言葉を交わすしかない。遣手や若い者に監視されているため、図2のような忍び会いもできなくなったのであろう。

遊女も、自分の借金にして登楼させたいのだが、遣手などに禁止され、思うようにならない。客の男と遊女であるが、本質はやはり男と女の関係だった。

○居続け

『みいらとり』という古典落語がある。

商家の若旦那が吉原の妓楼に登楼したが、そのまま いっこうに家に帰ってこない。妓楼に居続けをしているのだ。

そこで、旦那に命じられて番頭が迎えに行ったが、そのまま帰ってこない。「みいらとりがみいらになる」だった。

そこで、今度は、出入りの鳶《とび》の頭《かしら》を派遣するが、頭も帰ってこない……

落語だけに特有の誇張があり、笑い話に仕立てている。木乃伊《みいら》とりが木乃伊になるのは極端としても、居続けはよくあることだった。

図1で、男が居続けになる状況を見ていこう。

男が手にしているのは房楊枝《ふさようじ》。房楊枝は、いわば歯ブラシである。禿が持参したのは、口をすすぐ水。

つまり、遊女と床を共にした、翌朝の光景である。男は朝帰りをするつもりだった。

ところが、急に激しい雨が降り出した。やむなく男は妓楼にとどまったが、やがて昼食の時刻となった。

図１『団扇張替』（礫川南嶺著、文政４年）国会図書館蔵

男が気を利《き》かせて、鰻《うなぎ》の出前を頼もうとしたところ、遊女が言う――

「無駄なことは遠慮なく、お止め申しいすから、そのつもりで付き合っておくんなんし。お昼のおかずは、あっちがいい物をあげんす」

なんと、遊女は無駄遣いをやめさせ、昼食のおかずは自分が準備すると言った。これを聞き、男は胸がジーンとなったであろう。

まるで夫婦、あるいは恋人同士のように昼食を共にし、さらには夕食も共にして、そのまま泊まる。

まさに、これこそ吉原の遊女の手練手管だった。

かくして、居続けとなる。

図2も、居続けの光景である。

男が、

「蒲焼《かばやき》を取りにやろうか」

と、鰻の出前を頼もうとした。

遊女はやはり男に無駄遣いをやめさせ、禿に命じて漬物を用意させた。

ところが、禿がこう言う——

「おいらんへ、菜漬けへカビが生《は》えんした」

遊女は、世帯のやりくりもできる堅実なところを見せようとしたのだろうが、かえって馬脚を現してしまったといおうか。

図3では、遊女が男のために、かいがいしく鍋で料理を作ってやっている。

こうした姿を見ると、男は去りがたくな

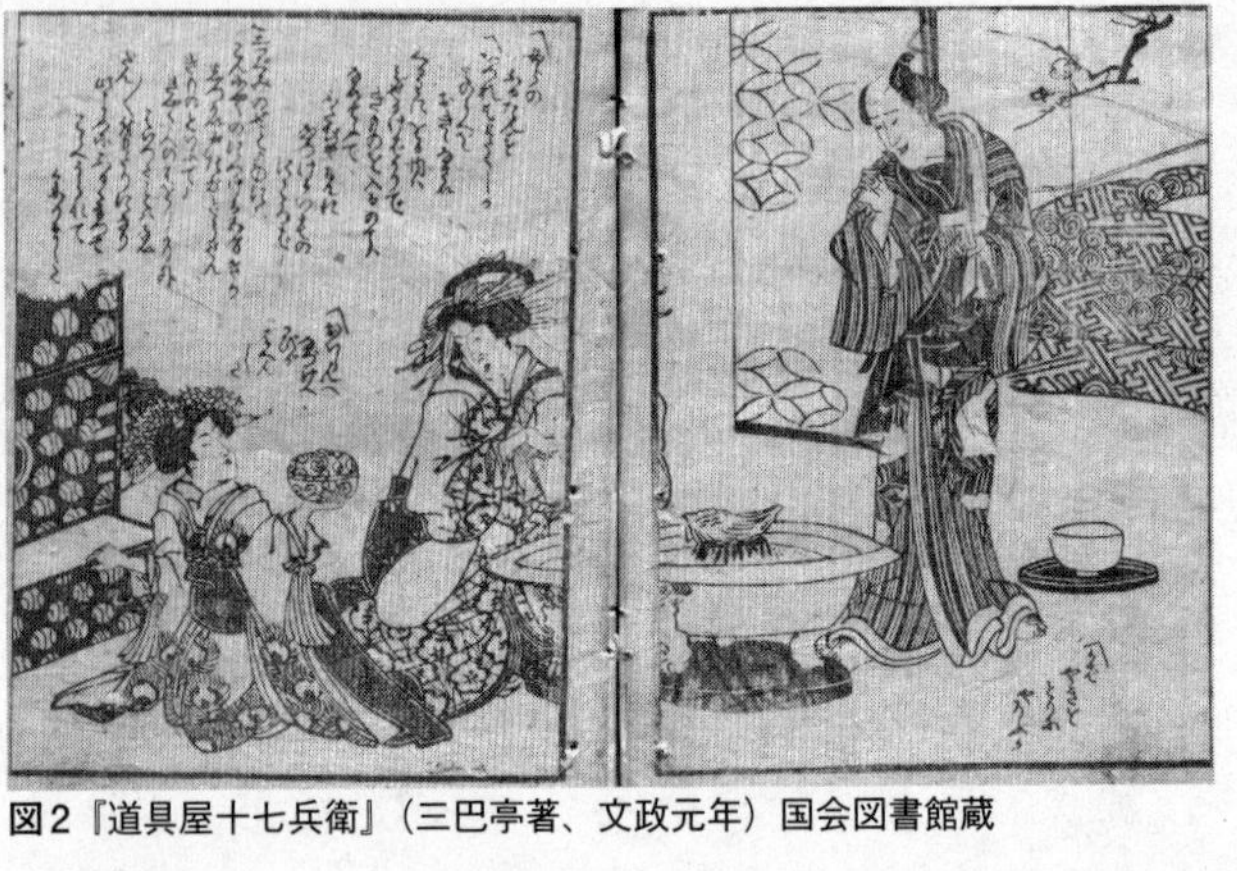
図2『道具屋十七兵衛』（三巴亭著、文政元年）国会図書館蔵

図3『松の花』（松亭金水著）国会図書館蔵

る。つまり、居続けである。

もちろん、居続けをしていると、支払額は雪だるま式に増えていく。そのあげく、親に勘当される男は少なくなかった。

しかし、逆の例もあった。

『山東京伝一代記』（山東京山編）によると、戯作者の山東京伝《さんとうきょうでん》は、弥《や》八玉《はちたま》屋《や》の玉の井という遊女のもとに居続けし、家に帰るのは一カ月のうち四、五日に過ぎなかった。しかも、こんな状態が数年、続いた。

だが、自堕落なように見えて、京伝は一日の出費は金一分《ぶ》と決め、それを守った。倹約するところは倹約して、堅実な居続けをしていたのである。

いっぽうの玉の井も、京伝に祝儀を

せびったりはけっしてしなかった。

後、京伝は玉の井を妻に迎える。吉原に居続けとはいいながら、京伝は玉の井と数年のあいだ、なかば同棲生活を送り、性格を見きわめた上で結婚したといえよう。

○指切り

遊女は多くの男に身を任す境遇だけに、客の男と恋愛関係になったとき、自分の真情を述べても、なかなか信じてもらえない。そんな場合、遊女は小指の先端を切断して男に渡し、自分の気持ちが信実であるのを伝えたという。いわゆる、指切りである。

吉原について書いた本はしばしば指切りに言及しているが、史料的な証拠はいっさいない。つまり、過去の吉原に関する本からの孫引きを繰り返していることになろう。

常識で考えてみよう。

もし、あなたが風俗嬢A子と恋愛関係になったとしよう。たまたま喧嘩になり、売り言葉に買い言葉で、

「僕を愛しているなんて信じられない。ほかの男にも同じことを言っているんだろう」

「これが、あたしの気持ちよ」

A子がそう言い放ち、包丁で小指の先端を切断しようとする。

そんなとき、あなたは絶対に、必死になって止めるはずである。本当に愛していれば、彼女が傷物になるなど耐えられないはずではなかろうか。

図1は、遊女がまさに指切りをしようとしているところ。絵だけ見ると、たしかにリアルである。ところが、肝心の遊女は――

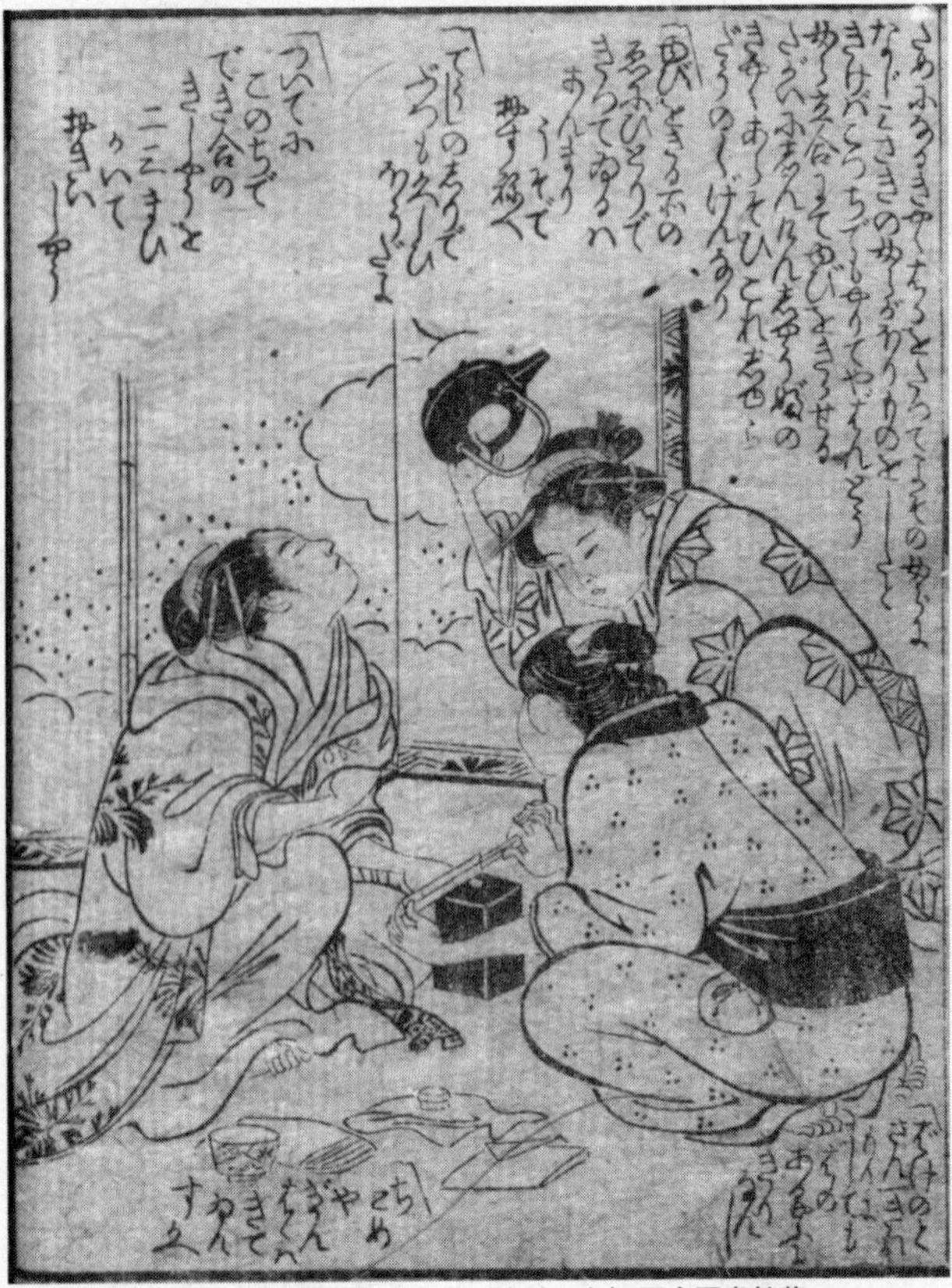

図1『九替十年色地獄』（山東京伝著、寛政３年）国会図書館蔵

「ついでに、この血で出来合いの起請《きしょう》を二、三枚、書いておきいしょう」

――と、のんきなことを述べている。起請とは、起請文《きしょうもん》のことで、心変わりしないことを神仏に誓った書面。

つまり、場面そのものが、おふざけなのである。

では、戯作などにはどう描かれているであろうか。

戯作『青楼五雁金』（梅月堂梶人著、天明八年）では、豆を踏んで中身が飛び出した皮に、雀の血を絞って入れ、遊女が男の目の前で指を切ったように見せかける。

戯作『夜半の茶漬』（山東鶏告・山東唐洲著、天明八年）では、遊女が小指に巻き付けた紙をすっと抜いて見せ、指切りを演じる。

戯作『契情実之巻』（井の裏楚登美津著、寛政年間）では、男に信じてもらえない遊女が、

「そんなら、お気の休まるように」

と、小刀を取り出して左の小指を切断しようとする。

そこを、男が女の手首を取って押さえて、

「こりゃ、早まるめい。もう、心中、見届けた」

と、直前になって制止する。


戯作『損者三友』（石井垂穂著、寛政十年）では、幇間《ほうかん》が客を前に、遊女の指切りの話をする。

「ある遊女が剃刀《かみそり》で指を切断したところ、勢い余って飛んで見えなくなった。しばらくして、幇間が蒲鉾《かまぼこ》を火鉢で焼き、食べようとするとガシッと骨がある。なんと、さきほど見えなくなった遊女の小指だった」、と。

もちろん、幇間の冗談である。


さらに、歌舞伎『三人吉三廓初買《さんにんきちさくるわのはつがい》』（河竹黙阿弥作、安政七年初演）に、遊女が、男の前で指切りをしようとする場面がある。

「それほどまで私の心を疑っていやしゃんすなら、ようござんす。確かな心中、お目にかけましょう」

と、そばの鏡台の引出しから剃刀を取り出し、煙草箱に小指をのせた。

「こりゃあ、てめえ、どうするのだ」

「私が心の一筋を、お目にかけるのでござんす」

「そんなことで指は切れねえ。しらじらしい野暮をするな」

男は女の手から剃刀をもぎ取った。

以上、見てきたように、女が自分の信実を示すために指を切り、男がそれで満足したなど、とうてい信じられない。吉原の遊女と客であれ、現代の男女であれ、人間心理に変わりはないからである。

もちろん、狂乱状態になった遊女が指切りをした事例はあったかもしれない。しかし、事例があったのと慣習があったのとは別物である。

遊女の指切りは、一種の吉原伝説といってよかろう。

○病気

病気になった遊女には、妓楼は手厚い看護をした。薬を飲ませ、場合によっては医者を呼んだ。

もちろん、妓楼としては一日も早く遊女に元気になってもらい、稼いでもらいたいからである。また、薬代や医者の治療費は妓楼が払ったが、あくまで立て替えである。結果は、遊女の借金になった。

悲惨なのは、客がつかない遊女や、すでに盛りの過ぎた遊女、さらにもう回復の見込みのない遊女の場合である。一階にある、薄暗い行灯部屋に放り込み、ろくに食事も薬もあたえずに放置しておいた。まるで、「早く死んでしまえ」と言わんばかりの冷淡さだった。

いよいよ遊女の死期が近くなったときの妓楼の処置が、戯作『青楼曙草《せいろうあけぼのぐさ》』（鼻山人著、文政八年）に出ている。

楼主は、遊女の常盤路《ときわじ》がもう長くないと見るや、三ノ輪に住む母親を呼び寄せ、娘の病状を見せたうえで、こう語る——

「この上は、心ゆかしに連れ行きて、看病もしてみられよ。万々一、全快もなさば、これがほんの煎《い》り豆に花なるべし。もしまた、命も終わりなば、黄泉路《よみじ》のさわりともなるべければ、年季証文は娘にくれてやりますほどに、ちっとも早く引き取って、病人にも安堵《あんど》させ、親の手元で心長く死に水とってやらしゃれ」

と、病み呆《ほう》けたる常盤路を駕籠に乗せつつ、ついに母親にぞ引き渡しける。

――常盤路はまだ年季が残っていたのだが、楼主はチャラにしてやった。そして、せめて親元で死ねるよう配慮してやった。

一見すると、人情味あふれる楼主のようだ。

だが、もっともらしいことを言いながら、実際は早めに厄介払いをしたのである。妓楼で病死されると、何かと面倒だったのだ。

また、たまたま常盤路の親が吉原にほど近い三ノ輪に住んでいたからできたことでもあった。

実家が遠い場合は知らせようもない。死亡した遊女は菰《こも》に包まれ、若い者に天秤棒でかつがれて、三ノ輪の浄閑寺《じょうかんじ》に運ばれた。

遊女は不規則な生活をしていたため、健康を害しがちだったが、典型的な病気が、淋病《りんびょう》や梅毒《ばいどく》（黴毒、黴瘡、瘡毒ともいう）などの性病であろう。

当時、わが国に性病が蔓延していることは、長崎のオランダ商館の医者として安永四年（一七七五）に来日したツンベルクや、同じく医者として文政六年（一八二三）に来日したシーボルトらが指摘していた。

性病の蔓延は、わが国の一部の医者も憂慮していた。

杉田玄白は晩年に記した『形影夜話』（文化七年）で、梅毒について――

彼是《かれこれ》慮《おもんぱか》り見るに、黴毒《ばいどく》ほど世に多く、然《しか》も難治にして人の苦悩するものはなし。……（中略）……病客は日々月々に多く、毎歳千人余りも療治するうちに、七八百は梅毒家なり。如レ斯事《かくのごときこと》にして四五十年の月日を経れば、大凡此《おおよそこの》病を療せし事は、数万を以て数ふべし。

――と記し、玄白は一年間に、千余人の患者を診察してきたが、そのうち七〜八百人が梅毒だった。総計すると、これまでに治療した梅毒患者は数万人に及ぶという。

高名な蘭方医である玄白の診察を受けることができたのは少数派であろう。大多数の人は梅毒にかかっても、民間療法などでお茶を濁していた。

また、玄白にしても、できたのは対症療法だけだった。

というのも、抗生物質がなかったので、梅毒も淋病も完治させるのは困難だったのである。

図1に、黴瘡《ばいそう》（梅毒）の治療法が書かれているが、黴瘡の下に、「都《すべ》テ治シカヌル病ヲ云ゾ」と注記があり、完治しないとはっきり述べている。

また、図2には、水銀療法が紹介されている。梅毒の症状を劇的に改善する効果があったが、そもそも水銀は有毒であり、危険がともなった。また、患者もすさまじい苦痛をあじわった。

これほど性病が蔓延した理由は、性病予防具のコンドームがなかったからである。当時の男女は、遊里でも客の男と遊女はコンドームをせず、いわゆる「なま」で性交渉をしていた。

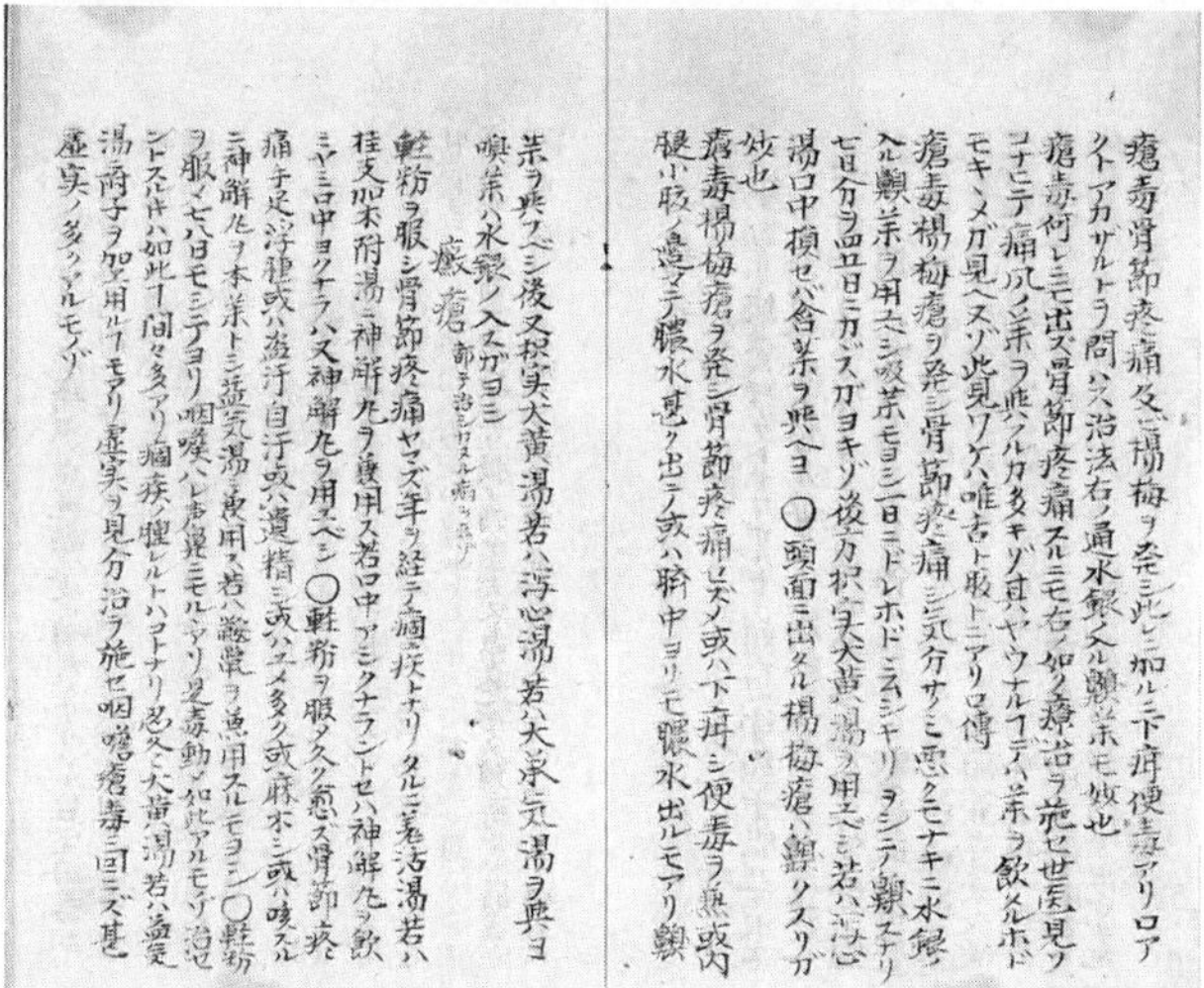

図1『黴瘡秘方』（写）滋賀医科大学蔵

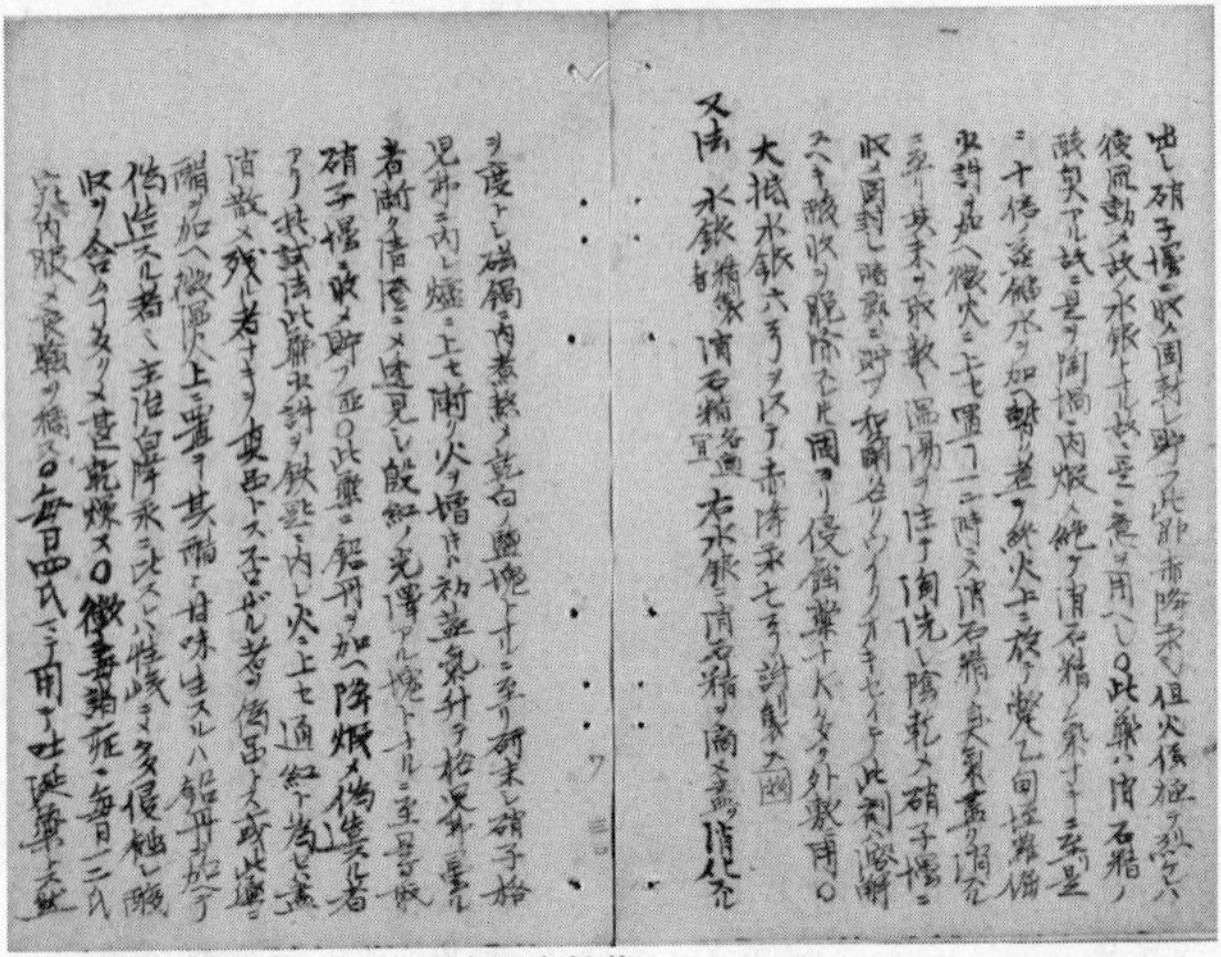

図2『和蘭製薬書』（写）国会図書館蔵

とくに遊女は不特定多数の男と性交渉をする。遊女が媒介になって、性病が社会に蔓延していったのである。

これは、吉原でも同じだった。岡場所や宿場の遊女にくらべると、吉原の客筋はよかったが、根本的な状況に変わりはない。

吉原の遊女の年季は「最大十年、二十七歳まで」という原則があったのは先述したが、十年間ものあいだ不特定多数の男と性交渉していたら、ほぼ百パーセントの確率で性病に罹患した。違いは、ひどいか、さほどひどくないか、だった。

さらに、平均寿命が短かったため、とくに梅毒の場合、悲惨な末期症状になる前に死んでいたのだと思われる。

ところが、江戸時代の大多数の男女は、性病に対する無知もあって、ほとんど頓着していなかった。

戯作『錦之裏』（山東京伝著、寛政三年）に、次のような一節がある。

どの妓楼でも、遊女が淋病の薬を手作りし、客に渡すサービスをしている。著者の京伝は、ある花魁からその秘方とやらを教えられ――


あまりたわけなれば、ここに記す。
・黄蓮《おうれん》・甘草《かんぞう》・丁子《ちょうじ》・山梔子《さんしし》・熊笹《くまざさ》・燈心《とうしん》・梅干黒焼《うめぼしくろやき》・阿膠《あかわ》・松子《まつのみ》
・女陰毛三筋《みすじ》黒焼　以上十味、等分に合わせ煎《せん》じ用ゆ。
三筋だけが大笑いなり。


――という具合で、もちろん、京伝も信じているわけではない。陰毛三本には、苦笑している。

ともあれ、吉原の花魁ですら、こんな「秘方」を大真面目に実行していた。性病に関する限り、慄然《りつぜん》とすべき状況だった。

吉原の遊女が定期的に性病検査を受けるようになるのは、明治以降である。

○折檻

文化七年（一八一〇）十月末、浅草の慶印寺で、妓楼・中万字屋《なかまんじ》の死亡した遊女の法要がおこなわれた。

吉原では年季中の遊女が死亡した場合、死体は菰《こも》で包まれて三ノ輪の浄閑寺に運ばれる。そして、浄閑寺の墓地に掘られた穴に投げ込まれて終わりだった。このため、浄閑寺は投込寺《なげこみでら》といわれた。

中万字屋の遊女の法要は異例だったが、これにはわけがあった。

この遊女は病気で体調が悪いと言い、客を取らずに引き込もっていた。

楼主の女房が怒り、

「仮病《けびょう》を使い、怠けるんじゃないよ」

と、きびしく折檻した。

その後、薄暗い行灯部屋に放り込んで、ろくに食事もあたえなかった。

空腹に耐えかねた遊女は夜、宴席の客の食べ残しをこっそり集め、小鍋で煮て食べようとした。これを見た女房は激怒し、遊女を柱に縛りつけ、小鍋を首からつるした。ほかの遊女や奉公人への見せしめとしたのである。

衰弱と飢えで、遊女は柱に縛られたまま死んだ。死体は、三ノ輪の浄閑寺に運ばれ、墓地の穴に投げ込まれた。

その後、中万字屋に、首に小鍋をさげた遊女の幽霊が出るという噂がひろまった。

そんな噂があれば客足が遠のき、妓楼にとって大打撃である。

そこで、中万字屋はあわてて、死んだ遊女の法要をおこなったのだ。

右は、『街談文々集要《がいだんぶんぶんしゅうよう》』（石塚豊芥子編）に拠《よ》った。

中万字屋の女房の残忍さは極端としても、妓楼では、遊女や禿が折檻されるのはごく普通のことだった。

禿が折檻されるのは、言いつけを守らないときや、粗相をしたときが多い。これは、しつけの一環と言えなくもない。

だが、遊女の場合はやや事情が異なる。

客が付かない遊女は、怠けているとして、折檻を受けることがあった。前述の中万字屋の遊女も、仮病を使って怠けていると思われたわけである。さらに、上客の機嫌をそこねて逃がしてしまった者、楼主や遣手の言いつけを守らず不平不満を漏らす者
――こうした遊女は折檻を受けた。

『世事見聞録』（武陽隠士著、文化十三年）は、次のように述べている。

殴りつけるほか、絶食や便所掃除などの罰をあたえた。真っ裸にして麻縄《あさなわ》で縛ることもあった。このとき、水を浴びせると、水で湿った麻縄が収縮してキリキリと体を締め付け、その苦痛に遊女は泣き叫ぶ、と。

折檻をするのは遣手や、楼主の女房である。楼主が折檻することは滅多になかった。しかし、楼主が乗り出してきた場合は、責め殺してしまうこともあった。

折檻で遊女が死亡しても、病死として葬られ、町奉行所の役人が調べに乗り出すことはない。

図1は、遣手が、言いつけを守らない遊女を吊《つ》り下げている。

図2では、遊女が柱に縛りつけられている。竹のムチで殴りつけているのは、楼主の女房である。ほかの遊女に見せつけているが、これはいわば見せしめのためだった。

中万字屋の残忍な女房について先述したが、残忍な楼主もいた。世相の見聞を収集した『藤岡屋日記』（藤岡屋由蔵編）に、嘉永二年（一八四九）、京町《きょうまち》一丁目の梅本屋で起きた騒動が記されている。

そのころ、全般に吉原は不景気で、梅本屋も客足が落ちていた。

梅本屋は十六人の遊女を抱えていたが、楼主の佐吉はそのうちの十三人に次々と手

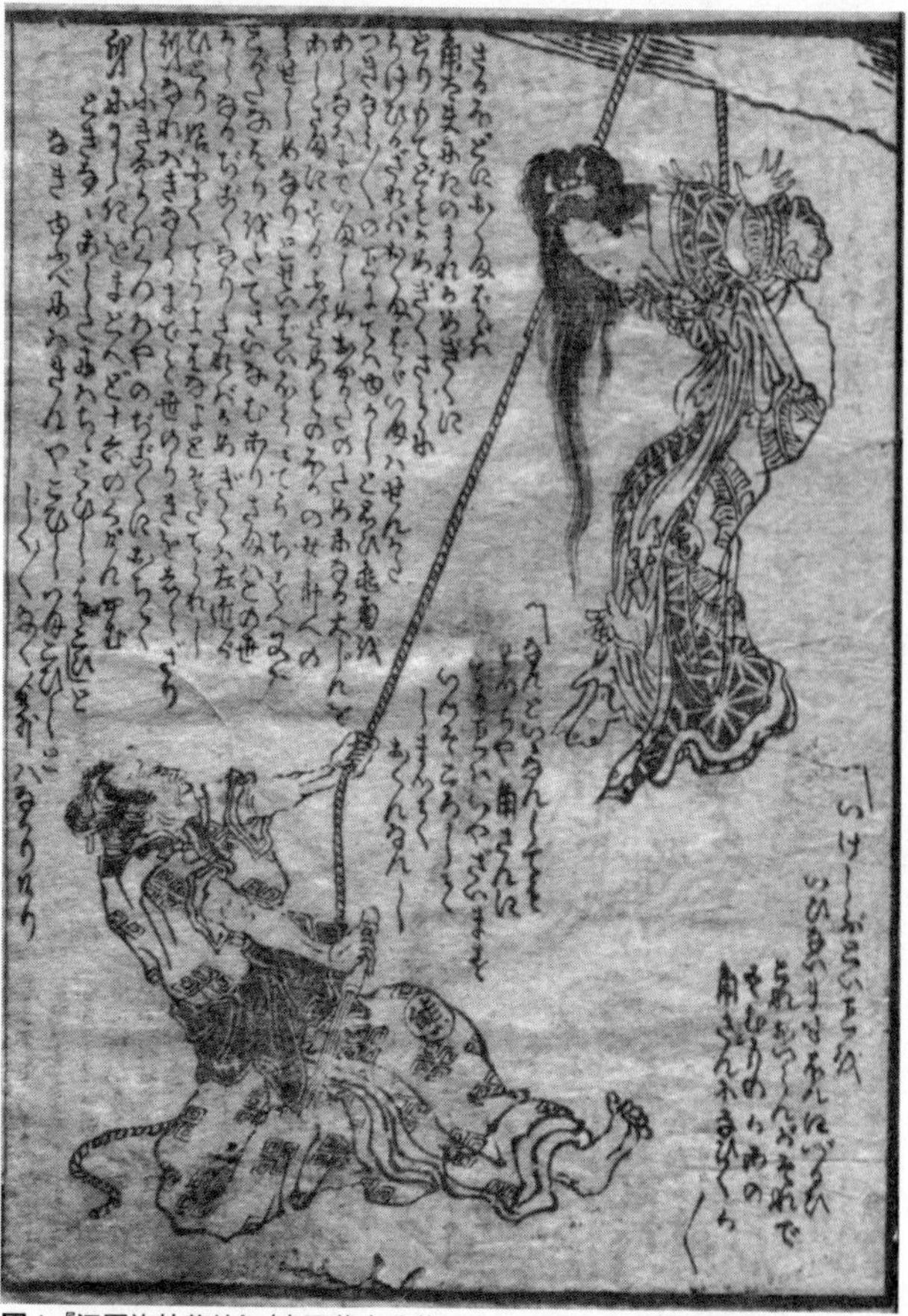

図１『江戸染杜若紋』（東西菴南北著、文化７年）国会図書館蔵

図2『風俗金魚伝』（曲亭馬琴著、文政12年）国会図書館蔵

を出し、性行為をしたあとで、

「そんなやり方だから、男を満足させられないのだ。客がつかないはずだ」

と、叱りつけた。

さらに、客人への対応が悪いとして、遊女の何人かに折檻をした。その折檻は、縁の下に穴を掘り、鉄の鎖で縛った遊女を放り込んで棒で突くというものだった。

ついに耐え切れなくなった遊女らは全員で示し合わせ、火鉢に大量の附木《つけぎ》を放り込んで煙を発生させ、その騒ぎに乗じて、名主の元に駆け込んだ。そして、十六人全員がそれぞれ、

「あたしが火をつけました」

と、自供した。

ついに、この騒動は南町奉行所に持ち込まれ、佐吉の悪辣《あくらつ》な所業があきらかになった。

奉行所の裁決は、佐吉は遠島、中心となった遊女四人も遠島というものだった。

ところで、江戸時代、放火に対する処罰は過酷で、たとえボヤに終わっても、放火犯は火刑《かけい》（火あぶり）に処された。しかし、吉原の遊女だけは例外で、放火をしても火刑を免じ、遠島に処した。

町奉行所は、つらい境遇に耐えられず妓楼に放火したと見て、情状酌量したのである。町奉行所も遊女の境遇を理解していたといえよう。

○心中

妓楼にとって、一番の痛手は、年季途中の遊女に自殺されることだった。とくに、客の男と心中されるのは最悪の事態だった。

妓楼にとって、遊女は給金を親などに前払いすることで仕入れた商品である。年季途中で自殺、あるいは心中されては、投資した大金を回収できないことになる。

また、妓楼内に血が流れるので、当然、あちこちがよごれる。部屋の改装や、調度品の入れ替えもしなければならない。

さらに、遊女の幽霊が出るなどという噂が広がれば、客足も途絶えてしまう。

まさに、妓楼にとっては踏んだり蹴ったりである。

図1は、間夫《まぶ》（恋人）の幸二郎が十八歳ではかなくなったのを知り、遊女の関川が世をはかなんで、剃刀《かみそり》で首筋を切って死のうとしたところである。

遣手は関川の異変を察し、それとなく監視していたため、すぐに気づいて、現場に飛び込んだ。

前述したように、妓楼にはプライバシーはない。間夫が死んだ噂もすぐに伝わるし、関川の精神状態が普通でないのも、遣手や若い者はすぐに察知していた。「関川さんの様子が普通じゃないよ。目を離さないように」というわけである。

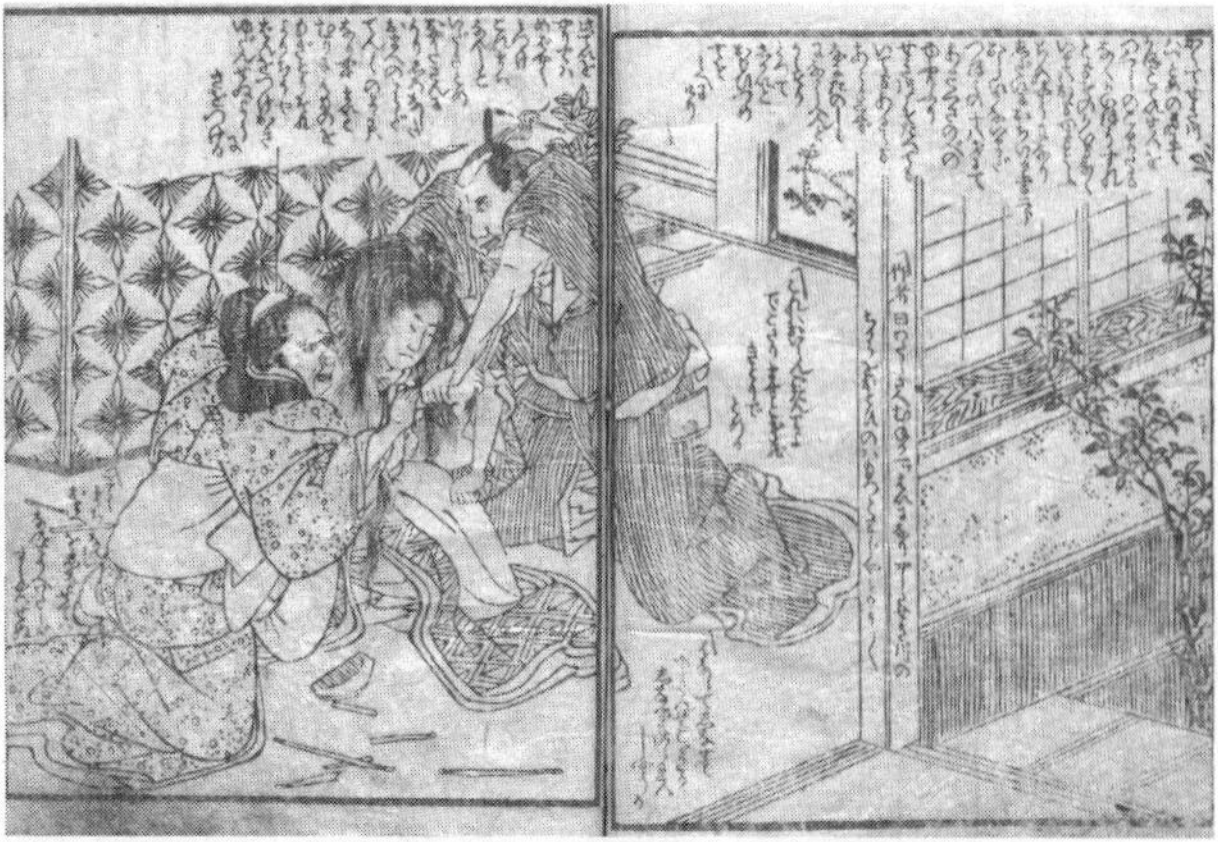

図1『跡着衣装』（十返舎一九著、文化元年）国会図書館蔵

図1では、遣手が――

「これ、待たなんし」

――と、いだきとめる。

気づいた若い者も駆けつけ、関川から剃刀を奪い取った。

その後の、遣手のセリフがふるっている――

「親方さんに借り代《しろ》なしたおまえの体、てんでんのままにはなりやすまい」

――と。親方とは楼主のことである。

楼主に買われた体なのだから、自分勝手に死ぬことなど許されないぞ、と言っていることになろう。

このように、遣手や若い者がひそかに見張っているため、とくに心中は難しかった。

そこで、図2の遊女と、図3の若い武士のように、遊女と客の男が何月何日何刻と示し合わせ、同じ時刻に自害することもあった。

場所は違うが、事実上の心中である。

ふたりは同時に死ぬことで、あの世で添い遂げられると信じていたのである。

幕臣の著と見られる『天明紀聞寛政紀聞』に、次のような心中事件が記されている。

七百石の旗本安部式部が、扇屋《おうぎや》の

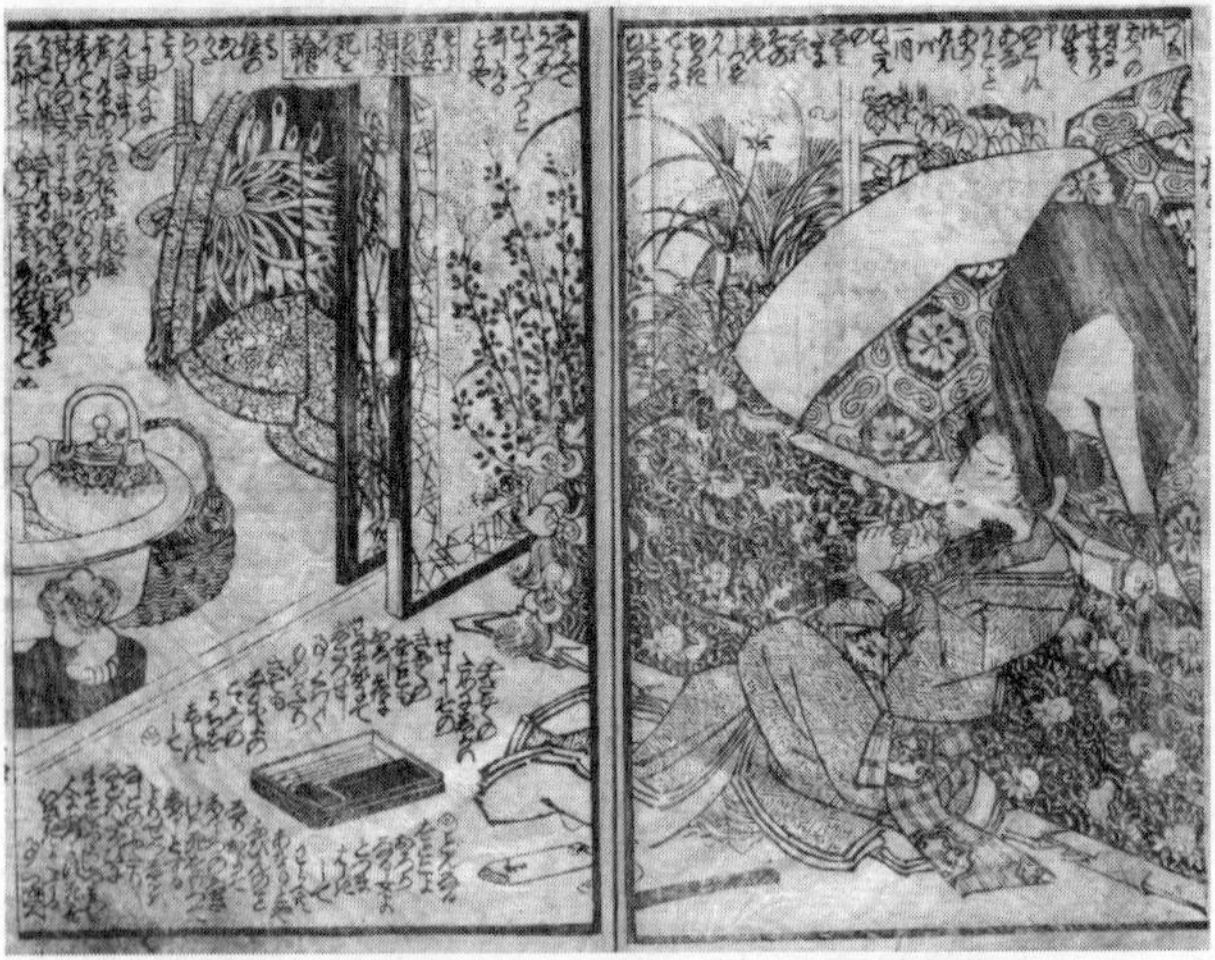

図2『梅暦魁草紙』（五柳亭徳升著、天保3年）国会図書館蔵

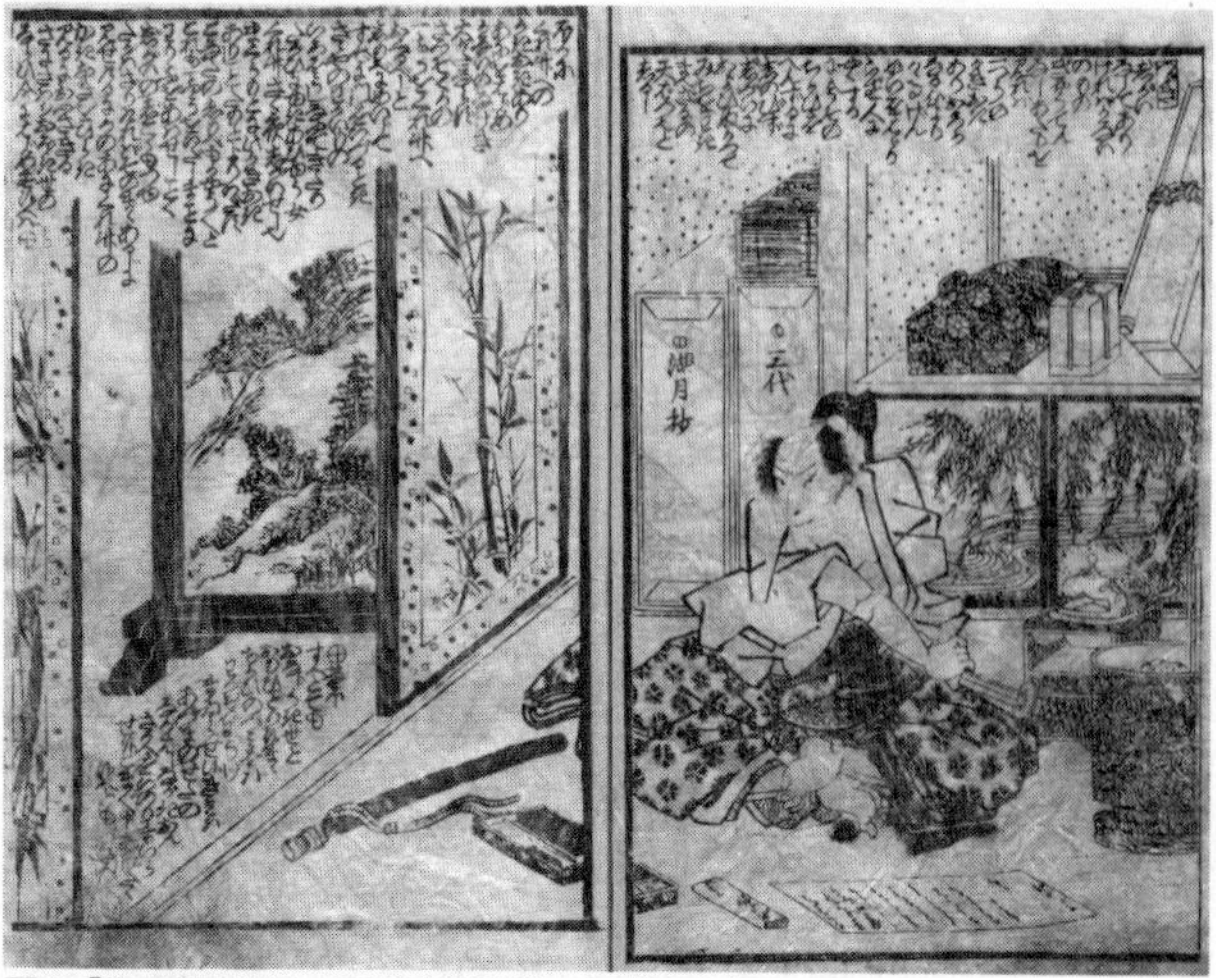

図3『梅暦魁草紙』（五柳亭徳升著、天保3年）

花扇と心中を図った。式部はまず花扇を刀で刺し、その後、自害しようとしたのだが、失敗し、ふたりとも生き残った。

安部家の家来が奔走して内済《ないさい》（示談）にし、事件を表沙汰にしなかった。その家来の取り計らいは見事だと、もっぱら評判である。

事件は世間には隠蔽されたのだが、著者は幕臣だけに、耳にはいったのであろう。

それにしても、内済にするため、安部家は扇屋に、かなりの大金を払う羽目になったはずだ。

吉原の遊女と客の男の心中は史料に散見するが、あくまで世間に知れ渡った事件である。心中はもみ消されることが多かったから、実態は史料に残った件数よりはるかに多かったであろう。

『梅翁随筆』(著者不詳)に、次のような心中が記されている。

寛政十年(一七九八)二月、奥医師の橘宗仙院の息子が、京町の大海老屋の遊女象潟と心中した。

象潟の口に手ぬぐいを押し込んで声を立てられないようにしておいて、持ち込んだ刀で刺し殺す。そのあと、自分も自害して果てた。

知らせを受けて、あわてたのは宗仙院である。奥医師は江戸城の大奥に出入りする。息子が吉原で遊女と心中したなど、表沙汰にできない。

そこで、ひそかに大海老屋と交渉した。

宗仙院は莫大な金を出して、象潟をまだ生きていることにして身請けした。息子の死体も引き取る。いったん、ふたりの死体を屋敷に引き取ったあと、息子も象潟も病死したという手続きをとって、埋葬した。醜聞をもみ消したのである。

○逃亡

吉原の区画は長方形で、周囲には忍返《しのびがえし》を植えた黒板塀がめぐらされ、その外は「お歯黒どぶ」と呼ばれる堀が取り囲んでいた。

なお、すでにお歯黒どぶは埋め立てられてしまったため、いまでは吉原跡地である台東区千束四丁目の一帯を歩いていても、かつての境界にはほとんど気づかない。

この堀で囲まれた広大な吉原には、出入り口は一カ所しかなかった。大門である。先述したように、大門の右手に四郎兵衛会所と呼ばれる小屋があり、番人が常駐していた。そして、女が大門から出ようとしても、切手を示さないかぎり、外に出るのを許さなかった。

遊女が女芸人や、見物客に化けて大門から抜け出るのを警戒したのである。

さて、遊女は自由意思で遊女になったわけではない。多くは、幼いころに親から売られた(身売り)のである。

そのため、年季が終わるのを待ち切れず、吉原から逃亡したいと願う遊女は多かった。

遊女の暮らしがもういやになった、客の男を好きになり、一緒になりたいが、年季明けまで待ちきれない、などなどの理由から、逃亡を図る遊女はあとを絶たなかった。

ところが、大門から抜け出すのはむずかしい。

そこで、様々な手段が図られた。図1は、梯子《はしご》などをかけて板塀を乗り越え、板を敷いてお歯黒どぶを渡り、あとは駕籠に乗ってすみやかに逃亡しようとしている。周到な計画と準備がうかがえる。もちろん、戯作の挿絵なので誇張はあるが、同様な逃亡はあったであろう。

しかし、逃亡はほとんど失敗したと見られている。

遊女がひとりで脱出するのは無理なので、どうしても手助けをする男が必要になった。図1でも、男がふたりがかりで遊女の体を受

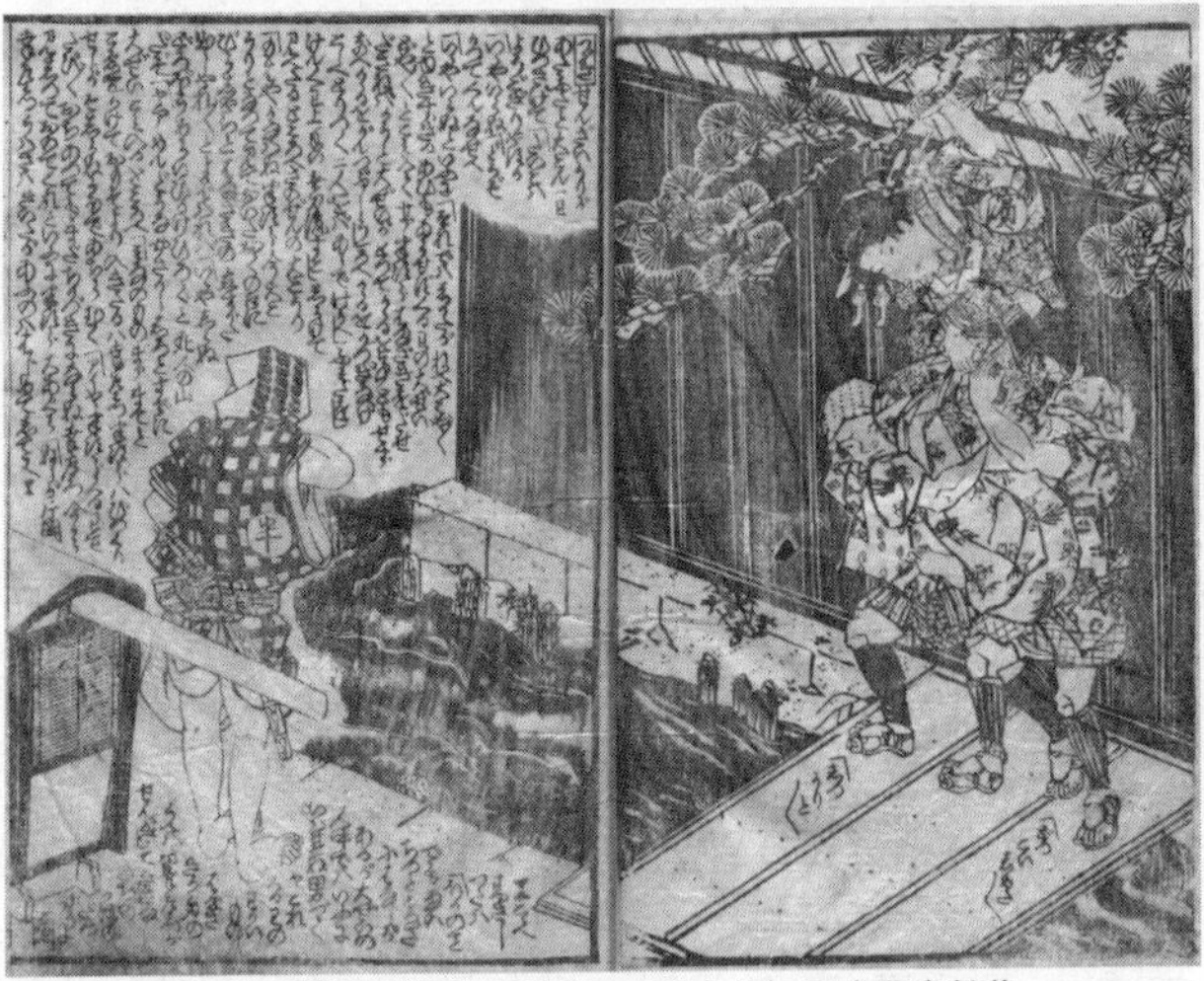

図1『帯屋於蝶三世談』（林家正蔵著、文政８年）国会図書館蔵

け止めている。

となると、遊女の馴染み客がかかわっているに違いない。

日ごろから遊女と客の動きを監視している遣手は、

「○○さんが怪しいよ」

と、ピンとくる。

妓楼はすぐに追っ手を派遣する。馴染み客さえわかれば、だいたいふたりの行先は見当がつくからだ。

しかも、当時の移動の手段は徒歩か駕籠である。また、身分・職業で髪形や衣装が決まっていた社会だけに、遊女の身なりは目立つ。すぐに跡を追えば、追いつくのは難しくなかった。

さっそく、図2のような捜索隊が編成された。各妓楼から若い者が集められたのだ。追跡をする若い者たちは、まさに狩りの気分だったであろう。

その結果が、図3である。男も女も、あえなく追っ手に捕らえられてしまった。

逃亡しようとした遊女への折檻は苛烈だった。

ただし、妓楼にとって遊女は大事な商品だけに、折檻はしても殺しはしないし、大きな怪我もさせない。

懲罰として、鞍替《くらが》えするのが普通だった。つまり、逃亡を図った遊女は、他の妓楼に転売したのである。鞍替え先は吉原内の河岸見世が多かったが、内藤新宿の女郎屋などの場合もあった。『天明紀聞寛政紀聞』に、次のような事件が記されている。

四千五百石の旗本藤枝外記《げき》は、大菱屋の花魁琴浦に夢中だったが、富裕な町人が身請けしようとしているのを知った。金では対抗できないため、外記はひそかに琴浦を吉原から連れ出した。しかし、すぐに発覚して、追手が迫る。絶望した外記は琴浦を刺し殺し、そのあと自害して果てた。

時に、天明五年（一七八五）八月。外記、二十八歳、琴浦十九歳だった。

事件後、藤枝家は改易《かいえき》となった。

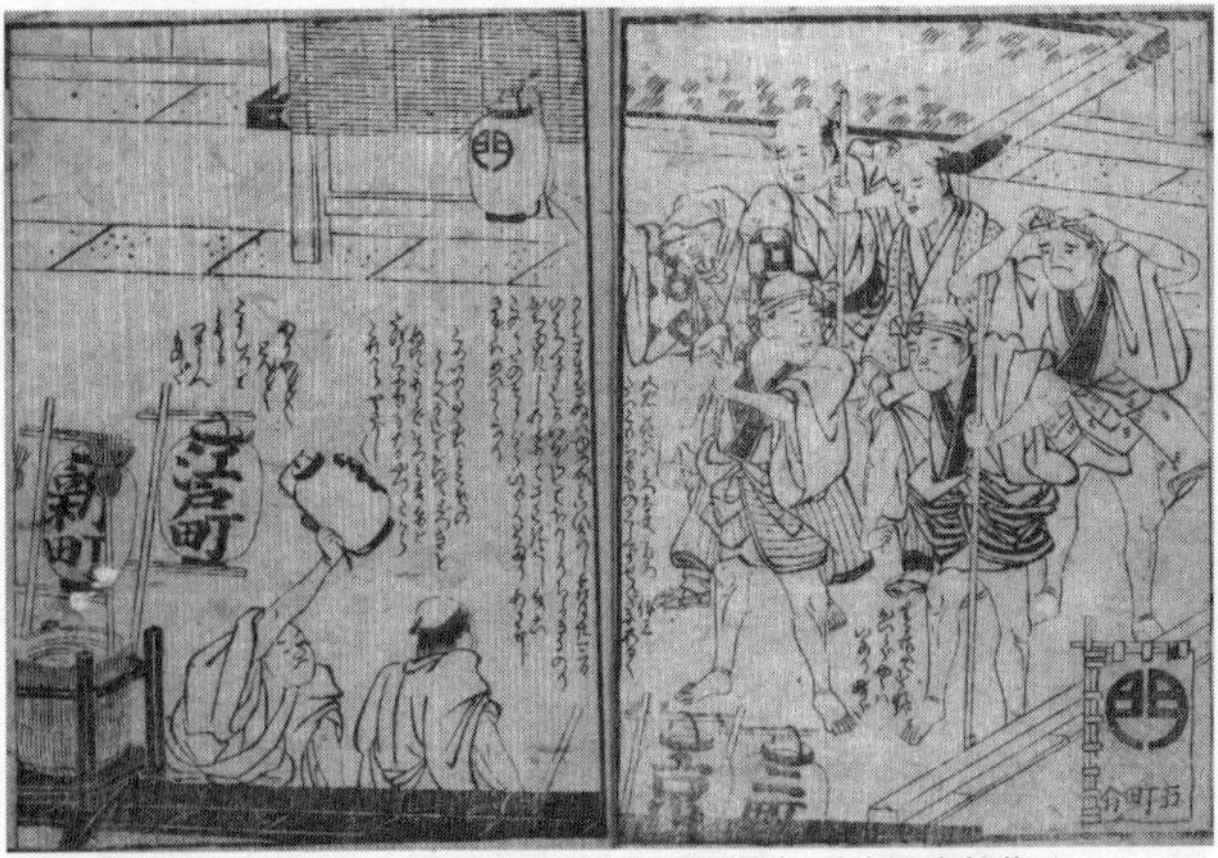

図2『異国出見世吉原』（南陀伽紫蘭、天明元年）国会図書館蔵

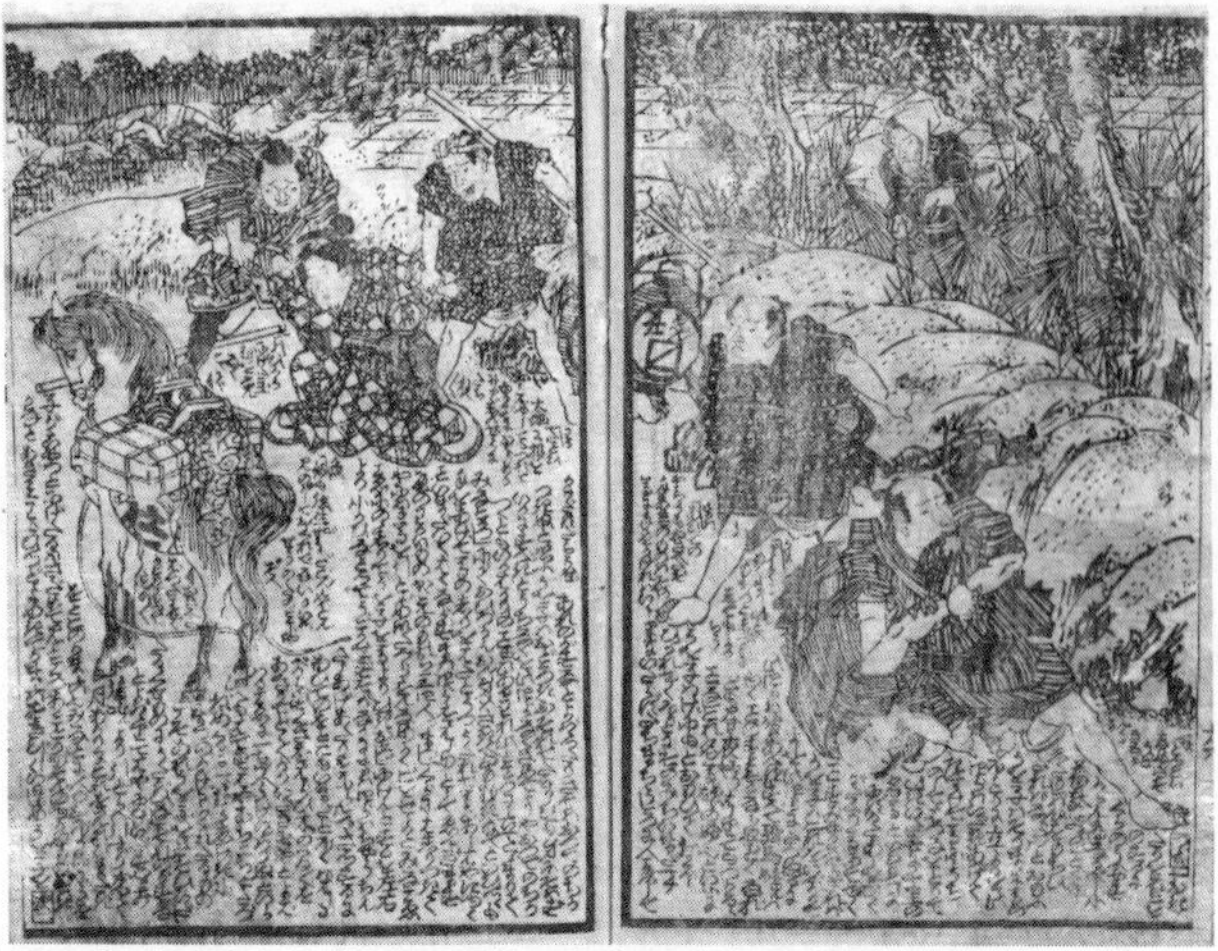
図3『風俗金魚伝』（曲亭馬琴著、文政12年）国会図書館蔵

なお、外記がどのようにして琴浦を吉原から脱出させたのかは不明である。ともあれ、抜け出すのがけっして不可能ではなかったのがわかる。

第五章　吉原で生きるとは

○引手茶屋の役割

吉原の遊興の仕組みのなかで、もっともわかりにくいのが引手茶屋《ひきてぢゃや》の役割であろう。日本堤から大門に通じる五十軒道の両側には、引手茶屋があった。また大門をくぐると、仲の町と呼ばれる大通りがまっすぐにのびていたが、この仲の町の両側には引手茶屋が軒を連ねていた（41ページの図1参照）。

大門の外と内に引手茶屋があったわけだが、仲の町にある引手茶屋の方が格が上だった。

図1に、仲の町の引手茶屋「信濃屋」が描かれている。妓楼にくらべると、一階は開放的だった。

では、そもそも引手茶屋の役割は何なのか。簡単にいうと、吉原遊びの案内役である。

もちろん、引手茶屋を通さなくても吉原で遊ぶことはできた。

男は妓楼の張見世で遊女を見て、

「左から三番目の、赤い着物を着た……」

などと、入口付近にいる若い者に伝えさえすればいい。

あとの段取りは若い者が付けてくれる。

図１『新吉原仲埜町之光景』都立中央図書館蔵

では、なぜわざわざ、あいだに引手茶屋を介在させたのか。

その理由は、金のある男のなかには、

「貧乏くさい連中と一緒に立って張見世の遊女を見立てるなど、沽券《こけん》にかかわる」

と感じる者がいたことである。

もっと露骨にいえば、

「俺を特別扱いしてくれ。金なら出すぞ」

という男が少なくなかったのである。

そのため、引手茶屋では客に下にも置かぬもてなしをした。

男が引手茶屋にあがると、すぐに酒や肴《さかな》が出る。茶屋の女将《おかみ》は談笑しながら客の好みを聞き取り、妓楼と遊女を手配してくれる。あらかじめ若い者を走らせ、予約もしておいてくれた。

こうして自分の意向を述べ、手配してもらったあと、女将や若い者の案内で、やおら妓楼に出向くという手順である。

妓楼のほうも、引手茶屋に案内された男は歓迎した。

とくに、大見世は引手茶屋に案内された客のみを受け入れ、フリの客は登楼を断った。いっぽう、中見世や小見世はフリの客を受け入れたが、引手茶屋に案内されてきた客は上客として優遇した。

戯作『狐竇這入《きつねのあなばいり》』（十返舎一九著、享和二年）に、引手茶屋の主人が妓楼の不手際《ふてぎわ》に怒り、若い者に対して――

「もう、重ねてから、おいらがとこの客人は、そっちの内へとっては、送らねえから、そう思わっせえ」

――と言い放つ場面がある。引手茶屋は上客を送り込むだけに、妓楼に対する立場は強かった。

さて、妓楼にあがったあと、引手茶屋の若い者は付きっ切りで客の面倒を見た。宴席にも出て、芸者や幇間の手配、台屋から料理を取り寄せる手配などもした。

さらに、客が床入りするところまで見届け、頼んでおけば翌朝の決まった時刻に、寝床まで起こしに来てくれた。

妓楼を出て引手茶屋に行くと、雑炊などの朝食となり、最後に支払いである。

こうした遊び方は当然、高くついた。

高くつくのはわかっていながら、余裕のある男があえて引手茶屋を通して遊んだのは、立て替え払いのことも大きかった。

つまり、遊女の揚代はもちろんのこと、芸者・幇間や台屋の支払いなど、引手茶屋はすべて立て替え払いをしてくれた。このため、客の男は手持ちがないときでも遊べたし、いちいち現金を支払う面倒さもない。

要するに、客にとって引手茶屋はクレジットカードだったのである。

だが、現代のクレジットカード同様、つい使いすぎてしまうおそれもあった。

古典落語に、吉原で多額の借金を作って勘当される商家の若旦那が登場するが、たいていは引手茶屋への借金だった。

逆からいうと、リスクの大きい商売だけに、引手茶屋は客を見定める。実家が大きな商家だとわかっているので、若旦那の遊びを引き受けたのである。貸し金がふくらんでも、あとで親に請求すればよいからだ。

こんな引手茶屋を通した遊びのなかで、もっとも贅沢な遊び方はつぎのようなものだった。

客はまず引手茶屋にあがり、妓楼から遊女を呼びよせる。遊女は当然、上級の花魁なので、配下の新造や禿《かむろ》を従えてやってきた。図1の一階には、到着した遊女と禿が描かれている。

さらに、芸者や幇間も呼び寄せ、引手茶屋で酒宴をおこなうこともあった。図1でも、客は二階座敷で酒宴を開いている。

いい気分になったところで、一同で妓楼に向かい、さらに盛大な酒宴をもうける、というもの。

遊女からすれば、現在の水商売の「同伴出勤」にあたり、妓楼でもいい顔ができた。

客からすれば、大勢を従えて引手茶屋

図2『青楼絵抄年中行事』（十返舎一九著、享和４年）国会図書館蔵

から妓楼に出向くわけであり、まさに大尽遊《だいじんあそ》びだった。そんな光景が図2である。

図2は吉原関係の本にしばしば掲載されている有名な絵で、なかには「花魁道中」と説明したものがあるが、これは間違いである。

大勢を引き連れて引手茶屋から妓楼に向かう図2のような光景を見て、

「どこのお大尽だろうか」

と、人々はうらやましがった。

男からすれば、最大の見栄だった。

○揚屋町

吉原のなかに揚屋町《あげやまち》という区画がある（41ページの図1参照）。本来は、揚屋が集まっていた区画だった。だが、先述したように、宝暦期（一七五一～六四）に揚屋制度は廃止された。そのため、揚屋町という名称でありながら、宝暦期以降、揚屋町には揚屋は一軒もなかった。それどころか、妓楼もなかった。

吉原遊廓のなかにあって、揚屋町は商業地区であり、居住地区でもあった。つまり、江戸の町屋とまったく同じだった。図1に、揚屋町の通りが描かれている。

図1を見ると、通りには商店が軒を連ねていたのがわかる。

右手に木戸門が見える。この木戸をはいると路地が奥に通じていて、両側には裏長屋が並んでいた。

裏長屋に住んでいるのは、行商人、職人、幇間や芸者などの芸人、医者、文使《ふみづか》い、易者《えきしゃ》などである。みな、妓楼にかかわる仕事に従事していた。

図を見ると、道に板が敷き詰められているのがわかる。これはどぶ板だった。下には、どぶが流れている。

どぶの汚水は、吉原を取り巻くお歯黒どぶに流れ込んでいた。

図1『春色恵の花』（為永春水著、天保7年）国会図書館蔵

以上からも、江戸の町屋の構造とまったく同じなのがわかろう。

ただし、図の左端に、誰《た》そや行灯《あんどん》が見える。いわば街灯であり、この誰そや行灯は吉原独特だった。

日没から夜明けまで、番人が巡回して油を継ぎ足すため、誰そや行灯の灯が消えることはない。まさに、吉原は不夜城だった。

こうした揚屋町という町屋の地区があったため、吉原のなかでほとんどすべての用が足せた。

図2に、揚屋町の「万小間《よろずこま》物《もの》」を売る商店が描かれている。

看板を見ると、売っているのは下駄、傘、それに袖乃《そでの》梅《うめ》と万金丹、黒丸子《こくがんし》。袖乃梅は酔い覚ましの薬。万金丹と

図2『情競傾城嵩』(坂東秀佳著、文政9年)国会図書館蔵

黒丸子も薬。まさに万小間物だった。

図3も、揚屋町の光景である。

おそらく、図1に描かれていた木戸門をくぐってはいっていく、奥まった場所であろう。

右に、「御薬湯」と記した掛《かけ》行灯がある。ここは、湯屋である。吉原のなかに湯屋があった。

妓楼には内風呂があったが、狭いのを嫌い、さらには気分転換もかねて、遊女がこうした湯屋を利用することもあった。

図のなかほどに、二連式の総後架《そうこうか》(公衆便所)が描かれている。揚屋町の裏長屋の住人が利用するが、時には、吉原見物に来た人々が駆け込むこともあった。

総後架の横に井戸がある。描かれてはいないが、おそらく井戸の横にはゴミ捨て場もあったはずである。

総後架、井戸、ゴミ捨て場を三点セットにして、一カ所に集めるのは、江戸の裏長屋に共通した構造だった。

左に二階建ての建物があり、二階座敷では酒宴がひらかれているようだ。ここは、一般の料理屋である。

それにしても、図3をみると、人々がいかに密集して居住し、生活していたかがわかろう。

揚屋町は江戸の町屋の縮小版だった。

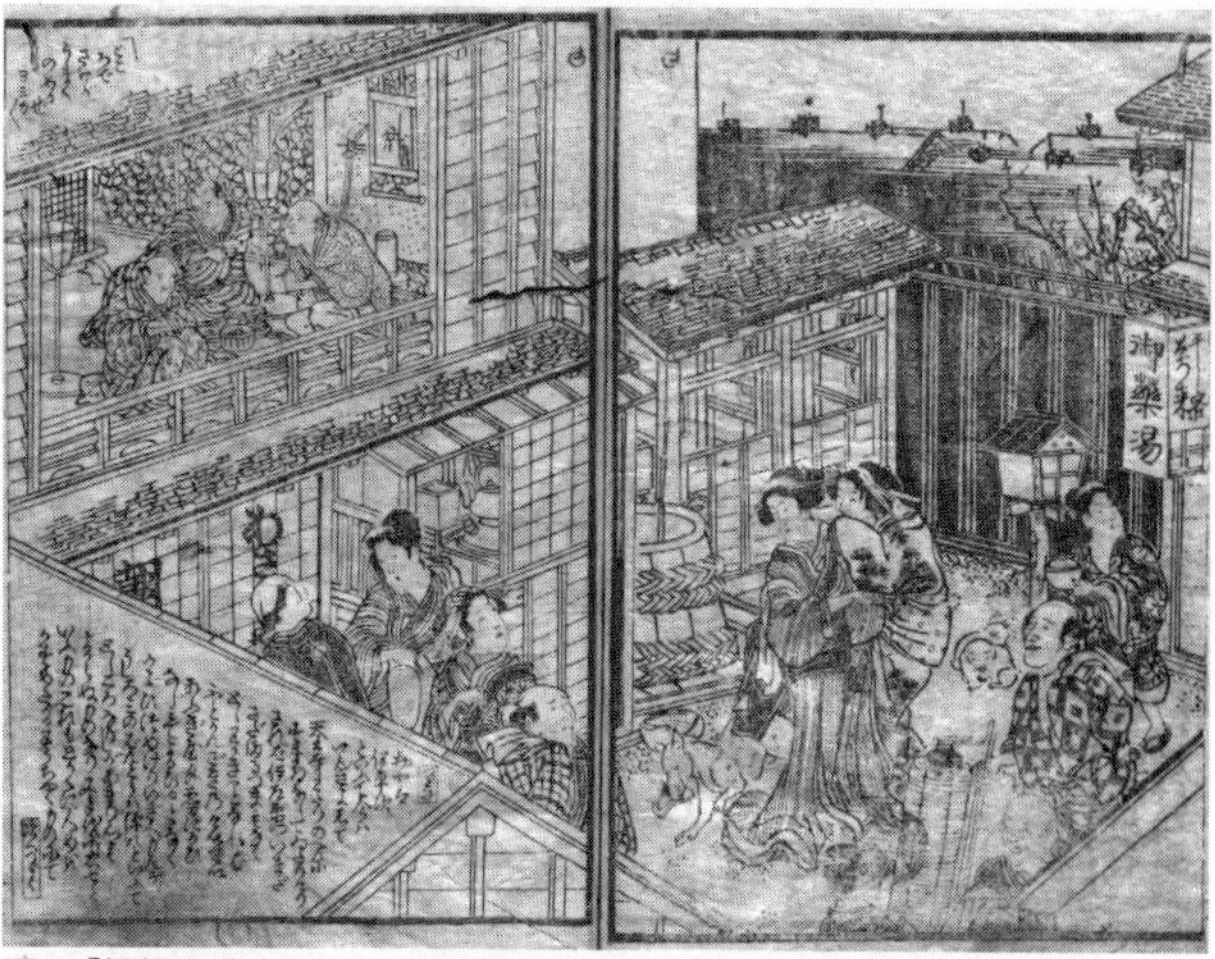

図3『福禄寿黄金釜入』（東西菴南北著、文化14年）国会図書館蔵

○裏茶屋

出合茶屋《であいぢやや》は男女の密通の場で、現在のラブホテルに相当する。神社仏閣の門前などに多かったが、とくに上野の不忍池《しのばずのいけ》の周辺に密集していた。

出合茶屋で情交している男女を描いた春画には、たいてい窓の外に蓮の池が見えるが、これは不忍池を暗示しているといえよう。

図1は不忍池で、池のなかの中島には弁財天が祀られていた。中島を取り巻くように建ち並ぶのは、ほとんどが出合茶屋である。

さて、出合茶屋は吉原の区画内にもあり、これを裏茶屋《うらぢやや》と呼んだ。

式亭三馬の文化八〜九年の日記である『式亭雑記』によると、そのころ、

揚屋町　四軒
角町《すみちよう》　四軒
京町二丁目　一軒

と、合わせて九軒の裏茶屋があった。

遊廓である吉原のなかに九軒もラブホテルがあるなど、奇異に思えるかもしれない。

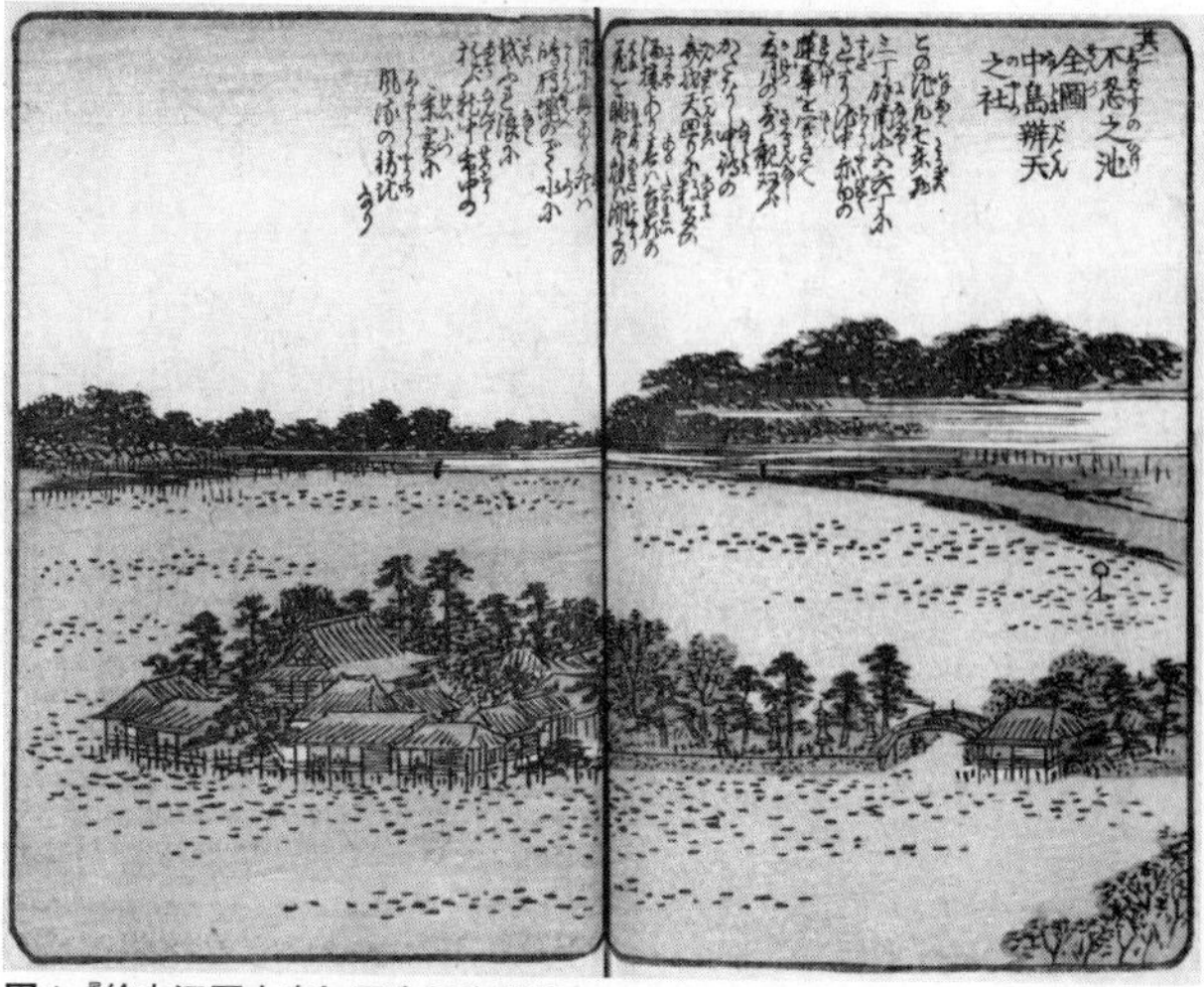

図１『絵本江戸土産』国会図書館蔵

『古今吉原大全』（明和五年）は、裏茶屋を利用する者について――

　大かたは所の芸者、茶屋、船宿の男、小間物売り、髪結、太神楽《だいかぐら》の類なり。

――と述べている。

吉原の芸者は客の男と寝るのは禁じられていたため、情交には人目を避けて裏茶屋を利用したのである。

引手茶屋や船宿の若い者は関連業者のため、客として登楼することはできない。そのため、遊女と裏茶屋で密会した。

小間物売りや髪結、太神楽の芸

人なども日ごろ商売で妓楼に出入りするため、登楼は禁じられていたのである。密会には裏茶屋を利用するしかなかった。

戯作『傾城買四十八手』(山東京伝著、寛政二年)に、遊女が、仲の悪い遊女について——

「あの子が小間物屋の助さんと色をして、縛《しば》られたときは、おもしろかったっけ」

——と言う場面がある。「色」は色事。出入りの小間物屋の男と関係を持ったのがばれ、遊女は縛られたのである。折檻されたといえよう。

禁じられてはいても、やはり密会はあった。

芸者と客の男、遊女と各種出入り業者など、禁じられた関係の男女が裏茶屋を利用したのである。裏茶屋は、いわば吉原関係者御用達の出合茶屋だった。

それにしても、表向きは関係を禁じられた男女が利用する裏茶屋が九軒あるなど、淫蕩な雰囲気がわかる。

図2は、戯作『両個女児郭花笠』(松亭金水著、天保七年)の挿絵で、桐屋という裏茶屋の外見である。同書は桐屋について——

図2『両個女児郭花笠』（松亭金水著、天保７年）国会図書館蔵

路地の入口に桐屋という行灯を掛けたるは、これ裏茶屋の目印にて、奥をのぞけば門口にも同じさまなる行灯あり……（中略）……手水場《ちょうずば》へ行く入口にはギヤマンの簾《すだれ》をかけたり。すべて、このこしらえは雅俗を混じておつりきなり。

――と描写し、「おつりき」は「乙」で「粋」なこと。便所の入口に当時は高価なギヤマン（ガラス）製の簾を掛けるなど、さりげないところに金をかけていた。

一見、目立たないようでいながら、小粋で瀟洒《しょうしゃ》な造りである。

春本『春情妓談水揚帳』（天保七

年）には、ところは、そんじょそこの裏茶屋とあり――
一間《いっけん》の押入れのあとは、ようやく五畳敷、ここに怪しき夜具をもうけ、

――という具合だった。密会するのは、舞鶴屋の新造菊の井、二十一、二歳と、黒船町の茶道具屋で小七という男。小七は商売で舞鶴屋に出入りしているため、客として登楼はできなかった。

吉原に裏茶屋があったのは、それを成立させるだけの需要があったからにほかなるまい。遊廓のなかにも、というより遊廓だからこそ、人目を忍んだ色恋があった。

○遣手

吉原の妓楼には必ず、遣手《やりて》と呼ばれる女がいた。遣手は、遊女や禿の監督・教育係といえよう。

その立場上、遊女や禿にはきびしくあたり、時には折檻もした。その分、遊女や禿からは恐れられ、嫌われる存在だった。

逆からいえば、妓楼の秩序をたもつためには、遣手は妓楼に必須の存在だったといってよかろう。

岡場所の女郎屋にも必ず遣手に相当する女がいて、とくに深川の女郎屋では娘分《むすめぶん》と呼んだ。

図1は遣手を描いているが、その表情はいかにも憎々しげで、口うるさそうである。

年季が明けても引き取ってくれる男もなく、行き場のない遊女のなかから、楼主が見込んだ者が遣手として雇われることが多かった。図1を見ても、年齢はかなり高いのがわかる。

吉原のことは表も裏も知り尽くしており、海千山千の女である。

妓楼の二階の階段のそばに遣手部屋があり、そこに住み込んでいた。つまり、遊女や客の動きにつねに目を光らせていたのである。

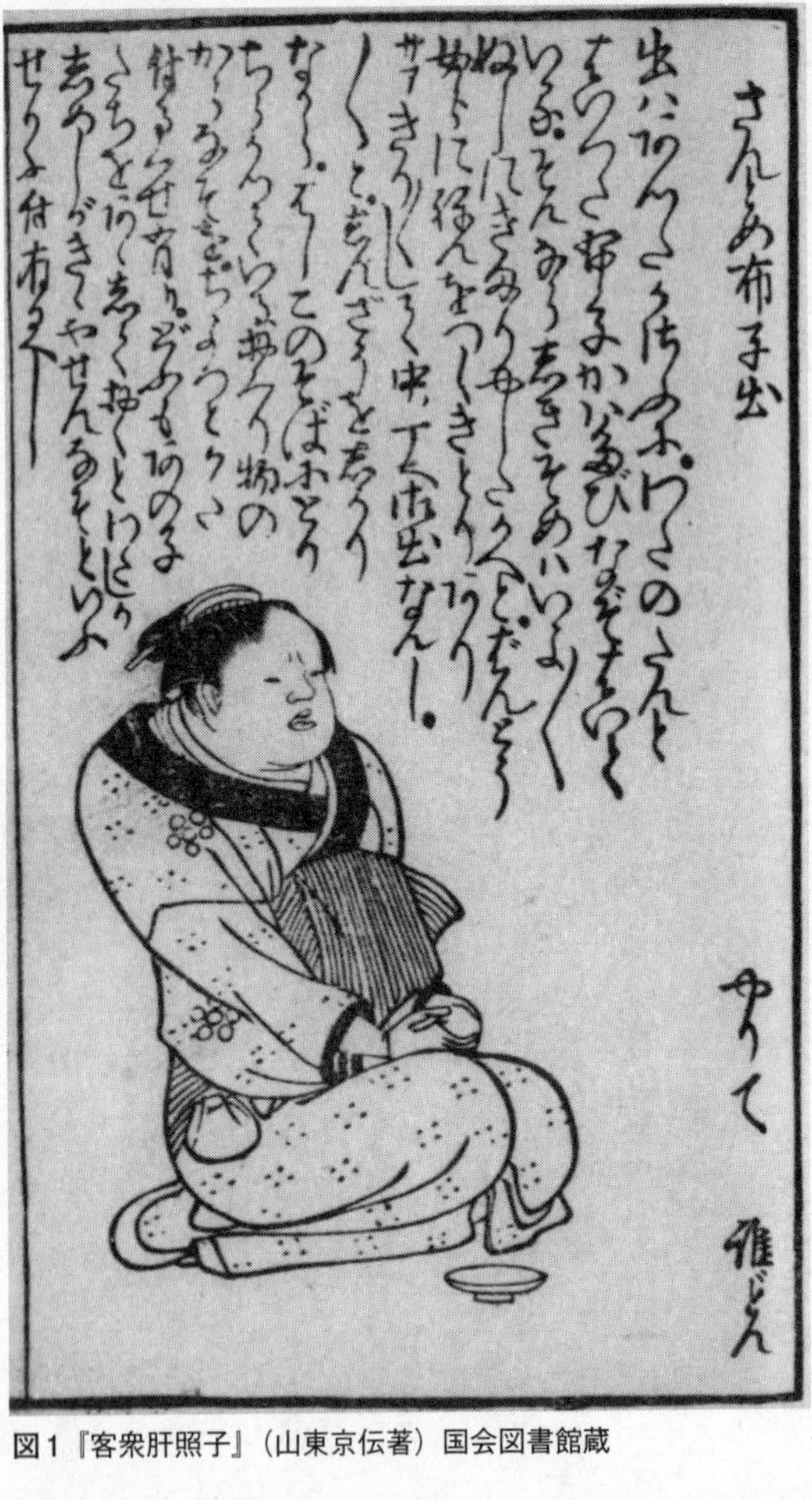

図1『客衆肝照子』（山東京伝著）国会図書館蔵

ただし、遣手は妓楼から寝起きする部屋と食事は保証されていたが、無給だった。収入は客の祝儀と、花魁からの各種謝礼である。

こういう状況で生きていこうとすれば、その人品骨柄が「上に媚《こ》び、下に威張る」ようになるのは当然であろう。品性の卑《いや》しい女が多かった。

戯作『取組手鑑』（関東米著、寛政五年）に遣手が活写されており、次にわかりやすく書き直した。

遣手が遊女と客人の宴席に顔を出すと、客人が祝儀を渡した。

「おほほほ、へい、ありがとうおざります。あの子や、お銚子をもっとてめいのほうへ寄せておきや。お召し物へかかろうぞよ。ほんに、まだ御膳《ごぜん》をあげんそうだ」

そう言いながら、廊下に出ると、

「花粋さん、上草履が片っぽ、見えやせんによ。ひと所へ寄せて置きなせい」

連子《れんじ》を見て、

「悪いこった。よく取り締まっておけばいいに。履物が中庭へ落ちそうだ」

廊下に、禿が落とした長い紙が落ちているのを拾い、

「こんなこったによって、気は許されねい」

なかほどの部屋をのぞくと、遊女は高いびきで寝ており、初会の客はもじもじして

いる。

「もしえ、牧野さんへ。ちっと、どうしたもんでおざりやすえ」

と、遊女を起こし、行灯のそばの獅嚙火鉢《しかみひばち》のなかで杉箸《すぎばし》がくすぶっているのを見つけて火を消し、土瓶《どびん》をかけ、

「こんなこったによって、火の用心が悪い」

廊下を歩きながら、

「また、誰か連子をあけた。風があたってなるもんではねい」

と、連子窓の戸を閉じ、

「あ、天気になるそうだ。ああ、南無妙法蓮華経」

と、お題目を唱えながら、遣手部屋にはいって座る。

遣手の生態がわかろう。つねに小言《こごと》を言っていたが、祝儀をくれる相手には便宜をはかってやった。

いっぽう、遊女が特定の客の男に夢中になり、他の客人をおろそかにすることがあった。また、客の男がそろそろ金詰りになり、かなり無理をしているのがわかることもあった。

そんなとき、遣手の指図で、妓楼は男の登楼を断った。いわば、男と女の仲を裂い

たのである。

だが、そんな状況にもかかわらず、というより、引き裂かれるとかえって燃え上がる男女の心理もあって、男がこっそり遊女の元に忍んで来ることがあった。

そんな忍び会いに踏み込んだところが、図2である。

ひそかに監視していた遣手は、若い者を従え、ふたりの密会の現場を押さえた。

遊女を叱りつける遣手の形相《ぎょうそう》がすごい。

客の男を取り押さえているのは若い者。左端の女は、心配して駆けつけた朋輩の遊女であろうか。図2では——

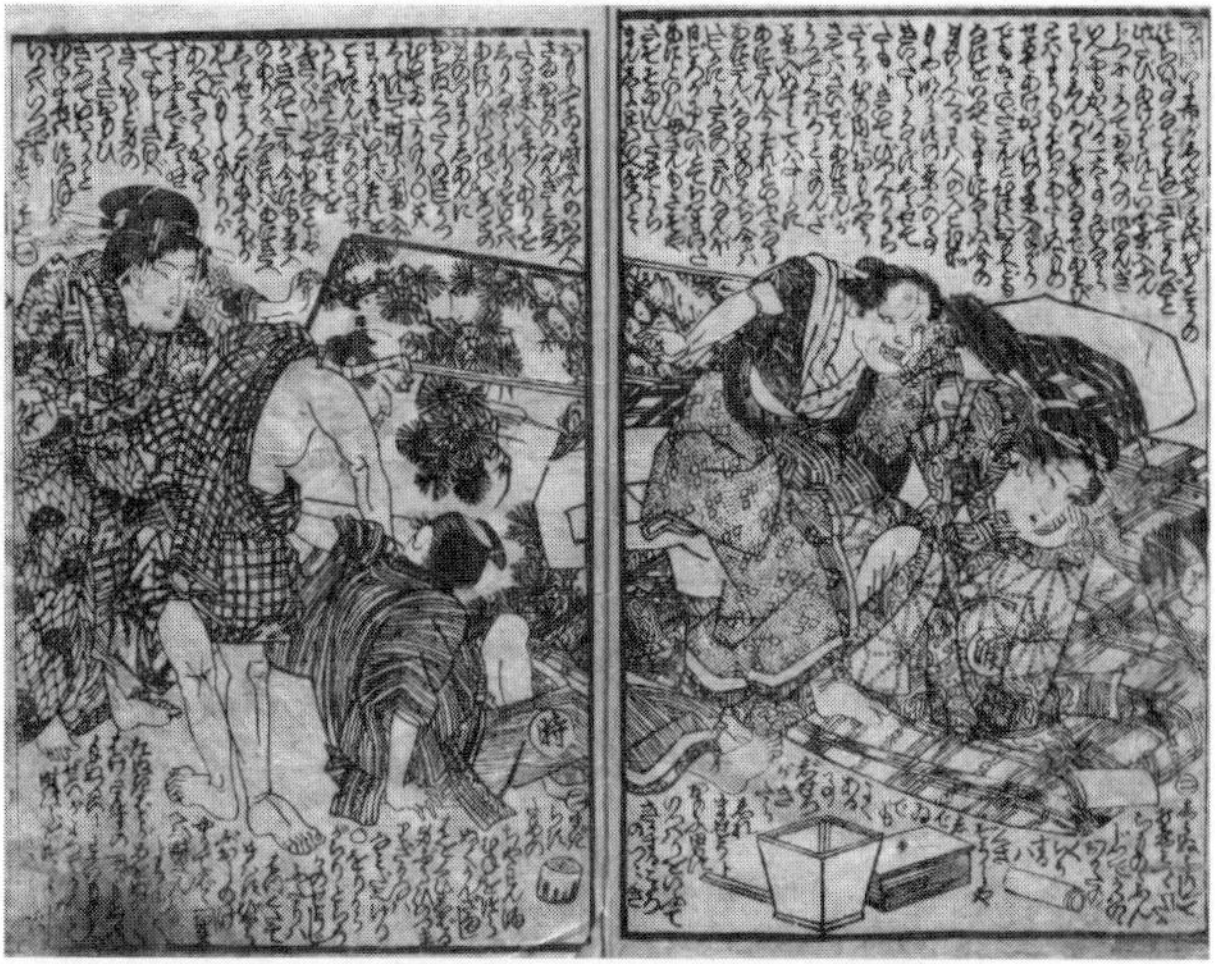

図2『明烏雪惣花』（山東京山著、文政８年）国会図書館蔵

「ええ、手ぬるい、手ぬるい」

と、若い者、大勢が寄って、時次郎をつかみ出し、

——とあり、このあと愁嘆場が演じられたはずである。

遊女は遣手から折檻を受けた。

客の時次郎は若い者から袋叩きにされたあげく、外に放り出されたであろう。

○気苦労の多い若い者

図1は、客の武士が若い者を呼びつけ――

「何とあい心得て、かようなる失礼をいたすか。きっとあい糺《ただ》して申《もう》しきけやれ」

――と、怒りをぶつけているところである。

遊女は廻しを取っていて、複数の客がいた。別な客のところに行っていて、武士は放っておかれたのである。

もちろん、武士はちゃんと揚代を払っているのだから、怒るのも無理はない。

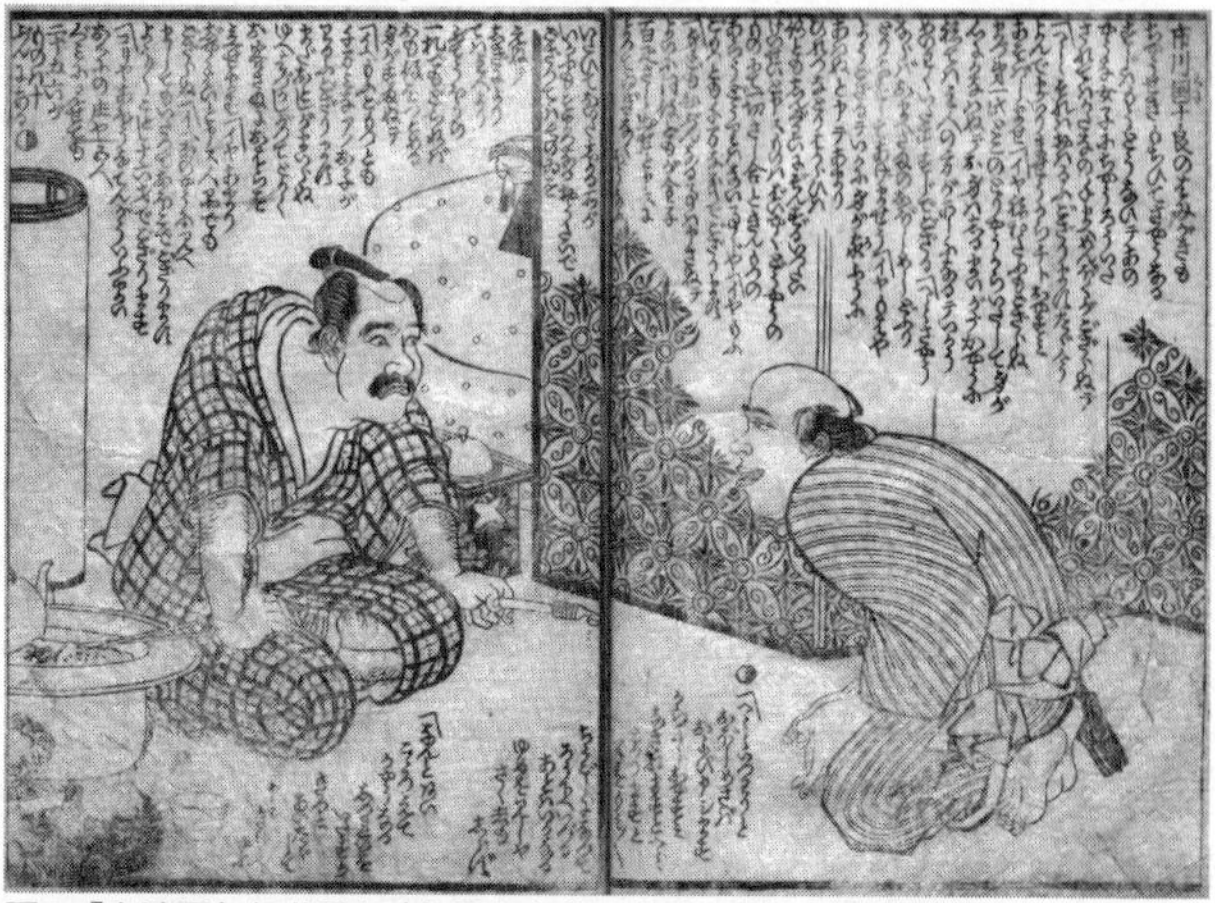

図1『出謗題無智哉論』（東里山人著、文政8年）国会図書館蔵

廻しの弊害については先述した。廻しでふられてしまい、泣き寝入りをする男もいたが、図1のように怒り心頭に発して、若い者を呼び付ける客もいた。

つまりは、

「そのほうの責任で、女を連れて来い」

というわけである。

相手が武士だけに、その対応のむずかしさは並大抵ではなかった。若い者は平身低頭し、ひたすらなだめるしかない。

さて、年齢にかかわりなく、妓楼の男の奉公人を若い者といった。

遊女や客は「若い衆《しゅ》」と呼び、勇み肌の客などは「おい、若え衆《わけし》」と呼びかけた。

若い者の仕事は多岐にわたり、接客全般といってよい。

張見世で相手を見立てた客に遊女の名を教えたり、客の指名を取り次いだりするのも若い者の役目である。また、客から揚代をもらうのも、客と遊女の寝床の設定をするのも若い者の仕事だった。

図2のように、料理や布団を運ぶこともあった。

しかし、何といっても一番大変なのが、図1のような場面だった。

こんなとき、若い者は武士をなだめておいて、別な客の寝床にいる遊女の元に行く。

廊下から、

図2『菊廼井草紙』（為永春水著、文政７年）国会図書館蔵

「花魁へ、○○さんへ、ちょいと」

など声をかけて呼び出し、耳元にささやいて懇願する。

「客人のお侍が怒っているんですよ。ちょいと、顔を出してやってくださいな」

「いやだよ、あんな野暮な侍なんか」

「そんなこと言わずと、お願いしますよ」

若い者は遊女をなだめすかし、武士のもとにやって、どうにか怒りをしずめる。

とにかく、遊女が寝床に来て、性行為さえできれば、図1のような客はいちおう納得するのだ。

愛想がよく、機転の利《き》く男でなけ

れば、妓楼の若い者はとうてい務まらなかった。

妓楼では、遊女のほうが若い者より身分は上である。虫の居所が悪い遊女や、わがままな遊女に対して、若い者は命令などできない。ひたすら、なだめすかすしかなかった。

このあたりの事情は、吉原のソープランドでの体験を書いた『ソープランドでボーイをしていました』（玉井次郎著、彩図社、二〇一四年）でも、よくわかる。ソープ嬢とボーイの関係は、遊女と若い者の関係と本質的に同じといえるかもしれない。

ところで、若い者は自分が奉公している見世の遊女と性的な関係を持つのは固く禁じられていた。

春画には物置などで若い者と遊女が密会している絵がたくさんあるが、これはあくまでフィクションである。もちろん、男と女の関係なので、絶対になかったとは言い切れないが。

吉原の妓楼の若い者が女郎買いをするのは、もっぱら小塚原《こづかっぱら》だった。戯作『契国策』（安永五年）に――

小塚原、千住《せんじゅ》の宿《しゅく》、丁《ちょう》の若い者の、儲《もう》け貯《た》めたる花をここに散らすなり。

──とあり、吉原の若い者は小塚原の遊女や、千住宿の飯盛女《めしもりおんな》と呼ばれる遊女と遊んでいる、と。「丁」は吉原のこと。「花」は、客などからもらった祝儀であろう。

とくに小塚原の女郎屋は吉原から距離的に近く、揚代も安かった。

『岡場遊廓考』（石塚豊芥子編、江戸後期）によると、小塚原には三十六軒の女郎屋があったという。

ただし、すぐ近くには小塚原の刑場があった。磔《はりつけ》や火刑（火焙り）がおこなわれ、獄門台には首が並んでいた。

○芸者と幇間

江戸の芸者は、吉原芸者と町芸者に分けられた。

吉原以外の遊里や盛り場などで営業する芸者を総称して、町芸者といった。もちろん、吉原芸者の方が町芸者より格が上だった。

吉原芸者も大きくふたつに分けられた。

大きな妓楼になると、芸者をかかえていた。これを、内芸者といった。

いっぽう、揚屋町の裏長屋などに住み、見番《けんばん》に登録している見番芸者がいた。見番を通じて、妓楼の宴席などに呼ばれる。

図1は、見番芸者ふたりが妓楼におもむくところである。黒い箱をふたつ持って先導するのは芸者置屋の若い者で、箱のなかには三味線がはいっていた。

図1『吉原十二時絵巻』（岩瀬醒、文久元年写）国会図書館蔵

なお、見番芸者は必ずふたりひと組で座敷に出た。芸者が客の男と密接な関係にならないよう、お互いに監視するためだった。

戯作『仮名文章娘節用《かなまじりむすめせつよう》』（曲山人著、天保二年）に、吉原の芸者が、遊女の理不尽な仕打ちについて――

「わたくしはまた、座敷ばかりの、はかない芸者の身の上ゆえ、たといどのような訳あっても、芸者は抱えの女郎衆《じょろうしゅ》には勝たれぬが廓《くるわ》のならわし」

――と嘆く場面がある。

吉原では、遊女の方が芸者よりも身分が上だった。というより、吉原の主役はあくまで遊女である。

芸者は脇役であり、宴席における遊女の引き立て役といってもよい。

芸者は出しゃばってはならなかったし、客の男と寝るのは遊女をないがしろにすることだった。

しかし、芸者が客の男と裏茶屋などで忍び会うのは、やまなかった。男と女の仲は、障害が大きいほどかえって燃えあがるという厄介な傾向がある。芸者と客の男もその典型だった。

いっぽう、幇間は太鼓、太鼓持、男芸者ともいい、芸者と同様、妓楼などの宴席に出て、芸を演じたり、面白おかしい話をしたりして座を取り持つ。

やはり揚屋町の裏長屋に住んでいて、呼ばれて妓楼などに出向いた。

現代、落語家が自分の職業について、

「利口ではできません。馬鹿ではもっとできません」

と述べる冗談がある。

幇間という職業にも当てはまるであろう。

いつの時代にも、威勢のある人、金のある人には取り巻きや、腰巾着《こしぎんちゃく》などという、いわば幇間的な人間が付いてまわる。だが、職業となると別である。

幇間が職業として確立したのは宝暦（一七五一～六四）以降といわれる。ということは、揚屋制度がなくなり、太夫の称号も廃止されたころと一致する。

客は直接妓楼にあがり、そこで酒宴を楽しみ、さらに床入りもするようになった。こうしたことが幇間の需要を高めたのだろうか。

幇間には、武士の次・三男や、商家の若旦那などで、遊びで身を持ち崩した者が少なくなかったようだ。また、盛りを過ぎた陰間が幇間に転身することもあった。

吉川英治の小説『松のや露八』のモデルになったのは、明治時代の幇間、松廼屋《まつのや》露八《ろはち》である。

松廼屋露八は武士の家に生まれ、彰義隊に参加した経験もあった。

図2は、客の男と遊女が酒を飲んでいるところ。幇間が何か剽軽《ひょうきん》な仕草をしている――

「こいつ、またこの煙管《きせる》をめがけおるか」

「もし、ありがてえこんで、ごぜえす」

――と、幇間は先に礼を述べている。旦那の高価な煙管をねだっているのだ。けっきょく、客の男は気前よく幇間に煙管をくれてやる羽目になったに違いない。

左の女の子は禿である。

なお、『吉原細見』は妓楼の名称と場

図2『三世相郎満八算』（南杣笑楚満人著、寛政9年）国会図書館蔵

所、遊女の名前と揚代などを紹介するガイドブックだが、末尾に「男芸者之部」と「女芸者之部」があり、それぞれ幇間と芸者の名前を記載している。

蔦屋が刊行した寛政七年（一七九五）版の『吉原細見』によると、男芸者之部に記載された幇間は三十八人、女芸者之部に記載された芸者は百十二人である。

妓楼の酒宴では、幇間と芸者の需要が大きかった。

幇間と芸者で座敷を盛り上げたあと、客と遊女を気分よく寝床に送り込む。もちろん、両者に渡す祝儀はかなりの額になった。

○文使い

現代、企業城下町という言い方がある。

大企業の工場などがあると、その地方に下請け企業、さらに孫請け企業が成り立つ。また、それら多くの従業員を相手にして、各種の飲食業やサービス業が成り立つ。大企業を頂点にして、まるで城下町のように直接・間接に多種多様な商売が成り立っているわけである。

江戸時代は遊女城下町と呼べる状況があった。

この状況は各地の遊里でもいえたが、やはり吉原がもっとも顕著である。俗に「遊女三千」といい、時代によって差はあるものの、吉原にはおよそ三千人の遊女がいた。

いっぽう、吉原の定住人口は約一万人だった。

およそ七千人の人口は、三千人の遊女のおかげで生活していたのである。まさに、遊女城下町だった。

この七千人には、妓楼に直接雇われた若い者や女中、下女などがいる。

そのほか、直接妓楼に雇用されているわけではないが、遊女と妓楼のおかげで仕事が生じている多数の商人や職人、芸人などがいた。いわば関連業者であろうか。

そんな関連業のなかに、文使《ふみづみ》いという独特の仕事があった。

図1の右下の男は、「けハひざかのふミづかひかん六」と紹介されている。

化粧坂《けわいざか》は鎌倉の地名だが、ここは吉原に擬している。つまり、吉原の文使いの勘六という設定である。

文使いは、遊女の手紙を客の男に届けるのが仕事だった。

現在、水商売の女性が常連の客に来店をうながすときの手段は、もっぱらメールか電話であろう。

ところが、メールも電話もない時代である。唯一の通信手段が手紙だった。図1でも、勘六は複数の遊女から手紙をあずかっているのがわか

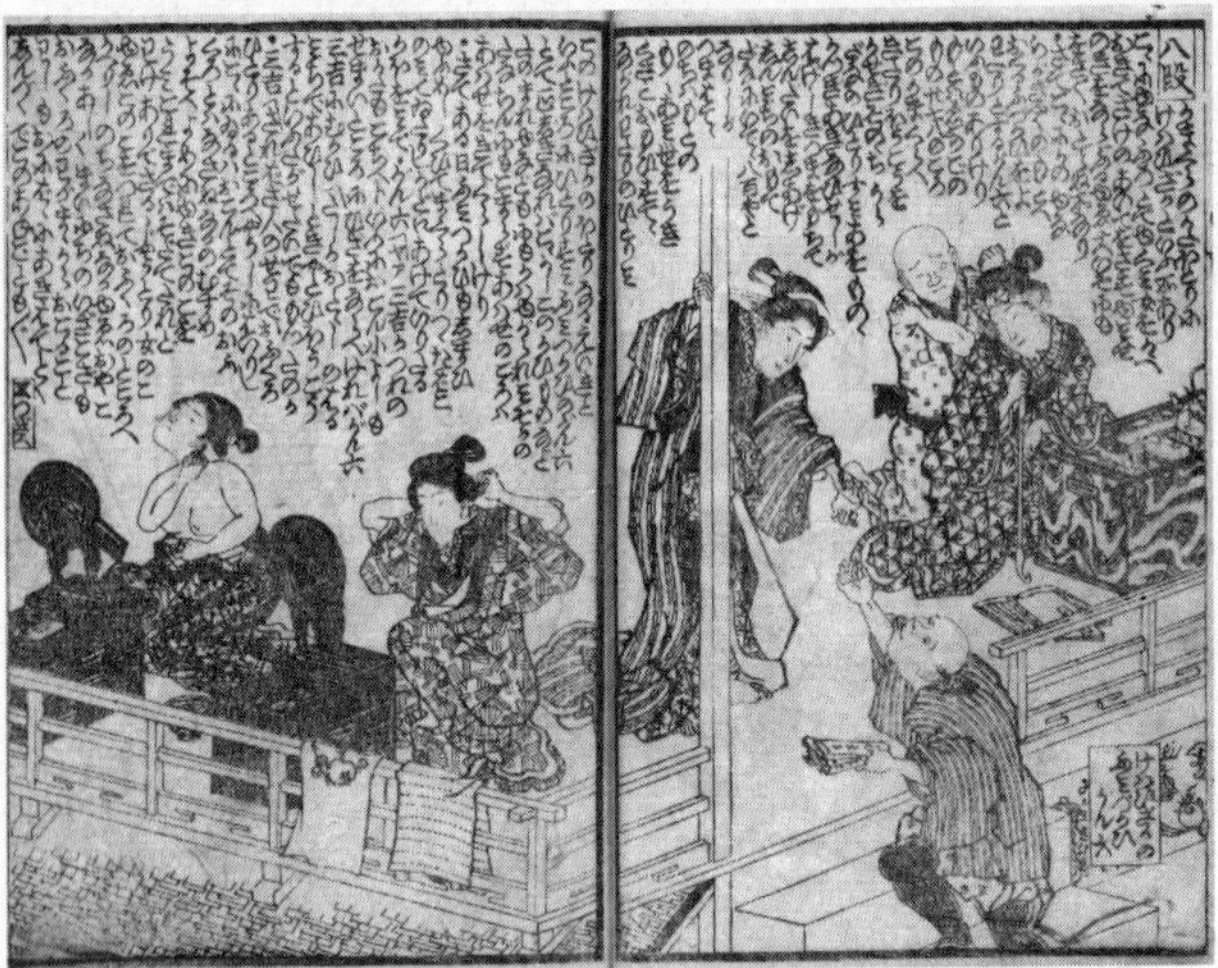

図1『春の文かしくの草紙』（山東京山著、嘉永６年）国会図書館蔵

る。

また、131ページ図2にも、文使いの男が描かれていた。

岡場所や宿場の遊女と違って、吉原の遊女はたいてい読み書きができた。たんに読み書きどころか、美しい筆跡で、綿々と恋情をつづることができる女もいた。

遊女から手紙をもらった男は、それこそ感激し、舞い上がる気持ちになった。何はさておき、その日は吉原に駆けつけたに違いない。

手紙は吉原の遊女であればこその営業手段であり、こうした吉原の遊女相手だからこそ成り立つ商売が文使いといえよう。

とはいえ、文使いは誰にでもできる仕事ではなかった。

まず、読み書きができるのは当然として、江戸の地理をきちんと把握している必要があった。さもないと、複数の手紙を届ける場合、効率が悪くなり、商売として成り立たない。

さらに、機転が利かなければならなかった。

たとえば、大きな商家の若旦那に手紙を届ける場合、店先に立って、

「こちらの若旦那に、吉原の○○さんからでございます」

と声を張りあげては台無しである。

激怒した主人に放り出されるであろう。

すばやく状況を読み取り、奉公人のひとりに、

「恐れ入ります、ちょいと道をお尋ねします」

などと声をかけて接近し、そっと耳元で、

「若旦那にあずかっている物がございます。ちょいと、お願いします」

と、ささやく。

その結果、奉公人が承知すればしめたものである。

奉公人からすれば、こうした内密の取次ぎをすれば、必ず若旦那からそれなりの小遣いにありつけた。

文使いも、上機嫌の若旦那から、

「ご苦労だった。取っておきな」

と、祝儀をもらった。

すでに遊女から手間賃はもらっているのだから、文使いにしてみれば二重に料金をもらうことになる。そう考えると、けっこううまみのある商売だった。

さらに、

「ちょいと待っていてくれ。すぐに返事を書くから」

と、若旦那から返信をあずかることもあった。

こうした関連業者の活躍によって吉原は成り立っていた。

なお、遊女と客の男の手紙の遣り取りは、船宿や引手茶屋も中継ぎの役を果たした。

さて、吉原の遊女は読み書きができたと先述したが、文章力はまた別である。そのため、遊女向けの手紙の文例集『遊女案文』（長松軒著、寛政八年）という本まで刊行されていた。

同書の目次を見ると、

初て逢たる客へ遣《や》る文
馴染に成たる客へ遣る文
年寄客に遣る文の書様

などと、相手別に文例が出ているという便利さである。しかも、文例のあとには「心得」まである。たとえば、「馴染に成たる客へ遣る文」の「心得」は――

いろいろの客ある中に、よい男、粋な客、金持ち、実

図2『遊女案文』（長松軒著、寛政８年）国会図書館蔵

なき者と思うべし。我惚れれば、人も惚れるなり。我が器量に慢じて油断すると、ついに人に取らるるなり……

——という具合である。

つまり、「あの客はあたしに惚れている」などとうぬぼれていると、いつのまにか客の心はほかに移ってしまうぞ、と戒めているといえよう。

図2に示したのは、「しばしこぬ客へ遣るふみ」の文例。

もしかしたら、面倒なので、文例に多少手直しをしただけ、あるいはそっくり丸写しにする遊女もいたかもしれない。

吉原の遊女から手紙が届き、欣喜雀躍《きんきじゃくやく》していた男はいい面《つら》の皮といおうか。

○休日と紋日

一月一日と七月十三日、吉原は大門を閉じ、妓楼は一斉休業した。

逆からいえば、妓楼の奉公人は、一年のうちわずか二日間しか休日がなかったことになる。

ただし、遊女の場合は公式の休日とは別に、いわゆる生理休暇があった。

当時、「月役七日《つきやくなのか》」といい、月経になった女は、七日間は性行為をひかえるべきとされていた。だが、これはあくまで民間の風習である。

では、遊廓ではどうだったのか。正確な史料はないが、月経になった遊女は二日間ほど、客を取るのを免除されたようだ。

これは、深川の岡場所だが、戯作『部屋三味線』（寛政年間）に、遊女が話をする場面で――

「障《さわ》り二日は、みんながたしなみやすが、また、鍋炭《なべすみ》を湯へほだてて飲んで、出る子などがあるそうだねえ」

――とあり、「障り」は月経のこと。「障り二日」は、月経になると二日間は性行為をつしむことだが、なかには鍋底の墨《すみ》を湯で溶いて飲み、客を取る遊女もいた。鍋墨を飲むと月経が軽くなる、という迷信があったのである。

月役七日にくらべると、吉原やその他の遊里の遊女はわずか二日間だけの休みで、「復帰」させられていたわけである。

大正十三年（一九二四）に、十九歳で吉原の妓楼に売られた森光子の手記『光明に芽ぐむ日』には――

馬鹿にお腹が痛むと思ったら、月の物だった。せめて、こんな時でも休ませてくれたらよさそうなもの……いつも、こうして懐炉《かいろ》をお腹にあてながら、客を取らなければならない。

――とあり、大正時代になっても吉原の実態はほとんど同じだった。

さて、妓楼の食事は質素だったし、食べる場所も違っていて、花魁は二階の自室で、新造と禿は一階の広間にみなでそろって食事をした。

ところが、一月一日の、元日だけは別だった。

図1は、元日の、妓楼の一階の食事風景である。遊女がそろって、雑煮を食べている。

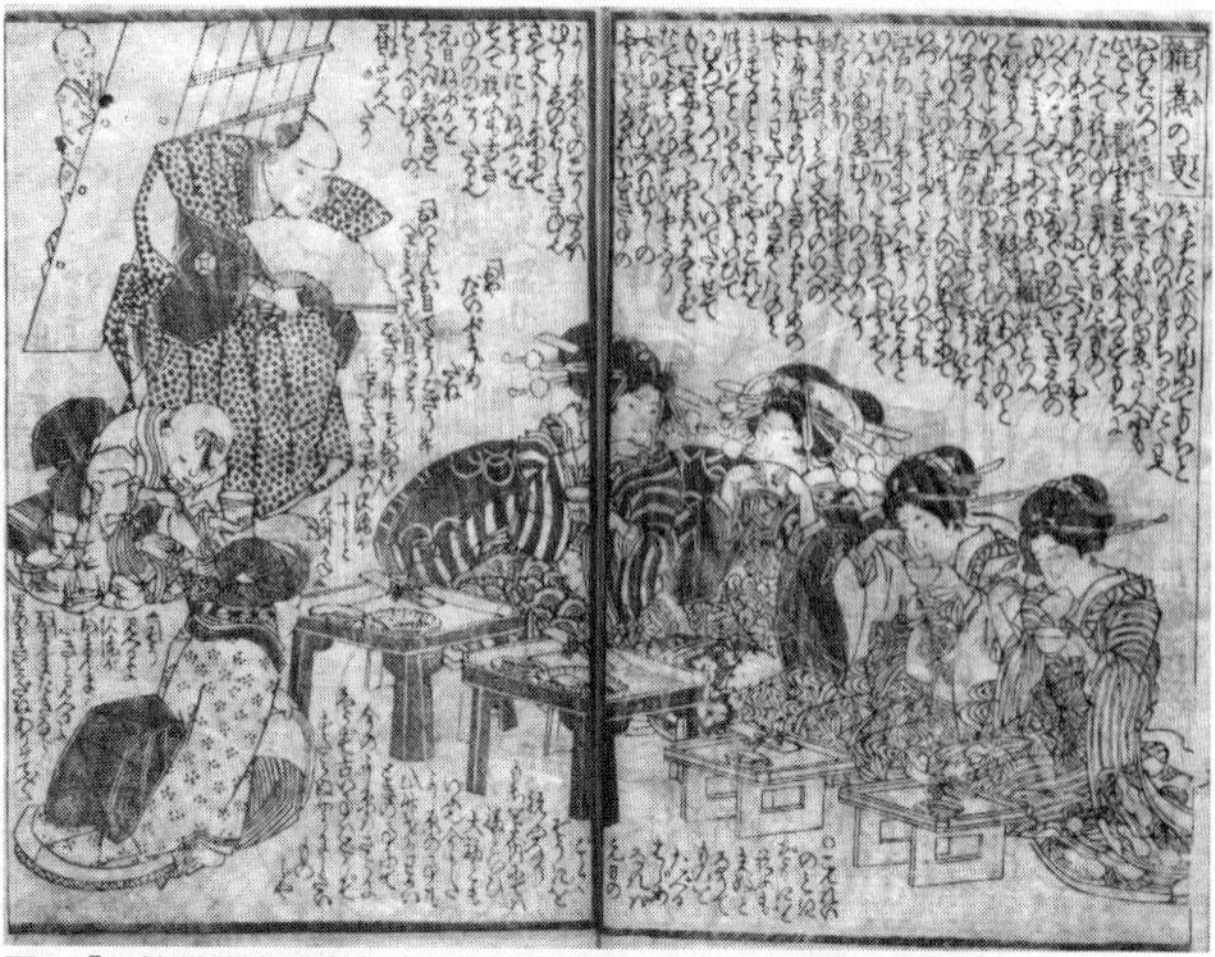

図１『五節供稚童講釈』（山東京山著、天保４年）国会図書館蔵

四人の遊女が描かれているが、左のふたりは花魁、右のふたりは新造である。

花魁の前に置かれた膳と、新造の前の膳は、あきらかに差がある。また、膳の上の皿数にも差があるようだ。

正月の雑煮にも、遊女の階級によって格差があったのがわかろう。

左に立っている、裃《かみしも》姿の男は楼主である。社会的に蔑視される職業だったが、元日ばかりは、楼主も晴れ姿だった。

いっぽう、吉原には紋日《もんび》という制度があった。

紋日とは、各種の記念日である。

現在、商店街などが〇〇祝勝セー

ルや、開業××年謝恩セールという場合、大規模な安売りをする。また、現代人のほうも、それを期待して買い物に出かける。

ところが、吉原の紋日は、揚代が逆に高くなった。それも、何と、二倍になったのである。

現代人には、とうてい理解しがたい、奇妙な制度といえよう。

当然ながら、余計な出費になるのを嫌い、男は紋日に吉原に出かけるのを避けた。

しかし、紋日に客がつかない遊女は、自分で揚代を負担しなければならなかった。要するに、妓楼から借金をする形になったのである。

このため、遊女は必死になって、馴染み客に紋日に登楼してくれるよう願った。いっぽうの客にとっては、男気の見せどころでもあった。妓楼は、そんな男気を刺激したといえる。

とはいえ、紋日は妓楼がもうけを大きくする仕組みにほかならない。遊女にとっても、客にとっても、紋日はつらい制度だった。

図2に、紋日が記されている。わかりやすく表記すると、

正（一）月　松の内

三月　三日、四日

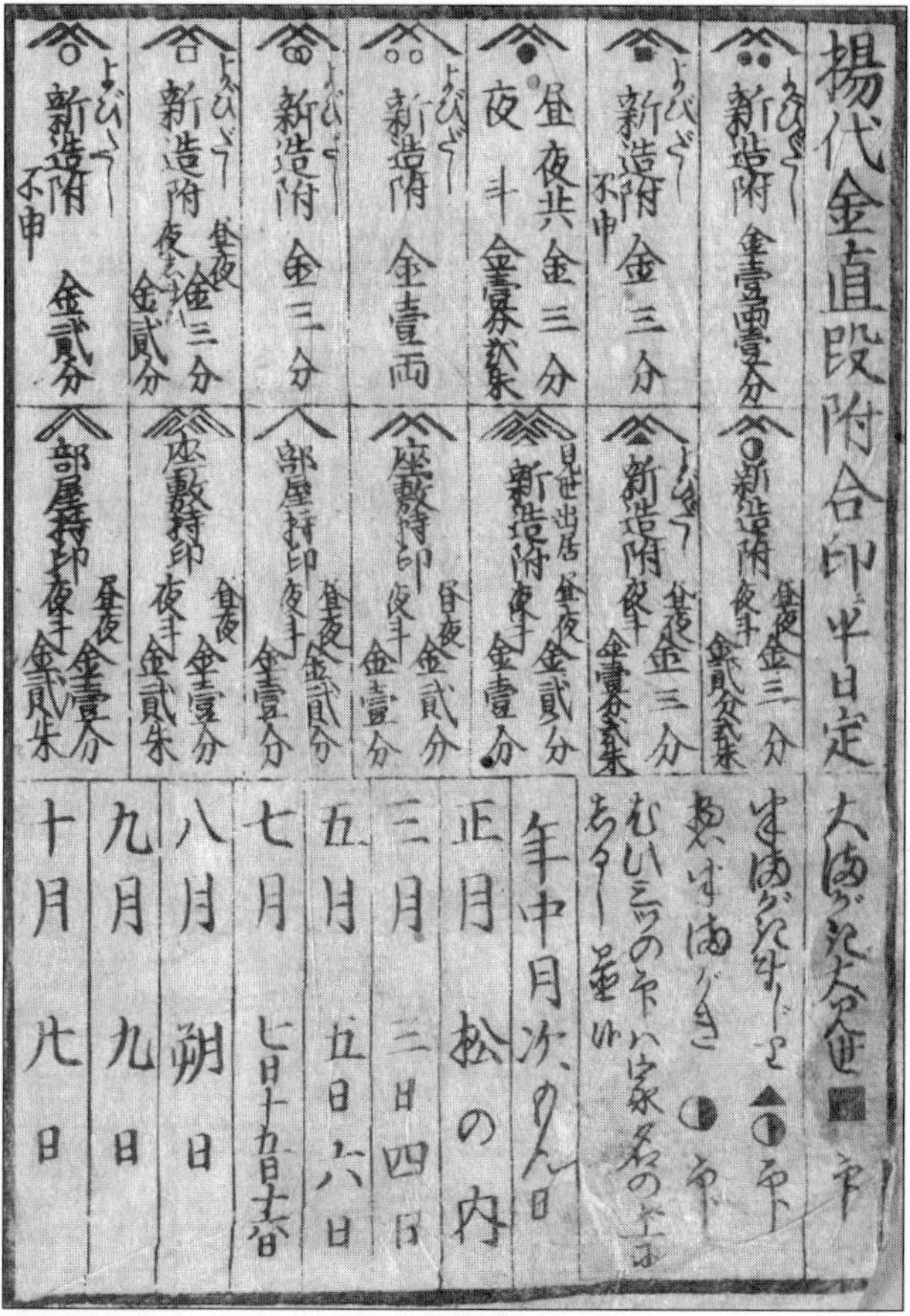

揚代金直段附合印 并日定

よびだし 新造附 金壹両壹分
よびだし 新造附 不申 金三分
昼夜共 金三分
夜斗 金壹分弐朱
よびだし 新造附 金壹両
よびだし 新造附 金三分
よびだし 新造附 昼夜 金三分 夜斗 金弐分
よびだし 新造附 不申 金弐分

新造附 夜斗 金弐分弐朱 昼夜 金三分
よびだし 新造附 夜斗 金壹分弐朱 昼夜 金三分
見世出居 新造附 夜斗 金壹分 昼夜 金弐分
座敷持 印 夜斗 金壹分 昼夜 金弐分
部屋持 印 夜斗 金壹分 昼夜 金弐分
座敷持 印 夜斗 金弐朱 昼夜 金壹分
部屋持 印 夜斗 金弐朱 昼夜 金壹分

年中月次のもん日
正月 松の内
三月 三日 四日
五月 五日 六日
七月 七日十五日十六日
八月 朔日
九月 九日
十月 廿日

図2『吉原細見』（弘化２年）国会図書館蔵

五月　五日、六日
七月　七日、十五日、十六日
八月　朔（一）日
九月　九日
十月　二十日

である。この日、多くの遊女は憂鬱だった。

○観光地化と不景気

露骨な表現をすると、吉原は幕府公認の売春地区であり、吉原の遊女は公娼、つまり幕府公認の売春婦だった。

だが、吉原はたんなる売春地区にとどまらず、江戸最大の観光地でもあった。

藩主の参勤交代に従って江戸に出てきて、およそ一年間、藩邸内の長屋で生活する勤番武士がまず見物に行きたがったのが吉原だった。また、商用や観光で江戸に出てきた庶民がまず見物に行きたがったのも吉原だった。老若男女が吉原見物をしたがったといっても過言ではない。

浅草の浅草寺に参詣したあと、吉原に足をのばして見物するのは観光の定番コースになっていたほどだった。

佐賀藩士の牟田文之助や、紀州藩士の酒井伴四郎が吉原見物に出かけていたのは先述した。

さらに、幕末の尊王攘夷の志士・清河八郎《きよかわはちろう》は安政二年（一八五五）三月、四十歳の母と供の下男を連れて、伊勢参りをするため故郷の出羽（山形県）を出立した。その紀行『西遊草』によると、江戸に滞在したとき、八月七日と二十二日、清河は母をともなって二度も吉原を見物している。とくに二十二日には、江戸町二丁目の久喜巴字という妓楼にあがり、見学までした。

なんと清河は、母親と共に吉原見物をしていた。これで、「吉原は江戸最大の観光地」や、「老若男女が吉原を見物したがった」が大げさではないのがわかろう。

さて、現代のテーマパークはクリスマス、ハロウィーンなど季節ごとの様々なイベントで集客を図っている。

同様に、吉原も年間を通じて各種の行事で客寄せを図っていた。なかでも、「仲の町の桜」、「玉菊灯籠《たまぎくどうろう》」、「俄《にわか》」は吉原の三大行事である。

図1は、大門から仲の町を見たところ。大通りである仲の町は桜が満開なのがわかる。ただし、この吉原の花見については、「花魁道中」の項で書いたので、あ

図1『あづまの花 江戸絵部類』（清水晴風編）国会図書館蔵

図2『青楼絵抄年中行事』（十返舎一九著、享和４年）国会図書館蔵

とは割愛する。

図2は、玉菊灯籠のため、引手茶屋で灯籠を飾り付けているところ。七月一日から末日まで、仲の町の引手茶屋は軒に、趣向を凝らした様々な灯籠をつるした。これを、玉菊灯籠と呼んだ。

角町の中万字屋の太夫玉菊は才色兼備で諸芸に秀《ひい》で、とくに河東節《かとうぶし》の名手だったという。享保十一年（一七二六）、二十五歳で死んだ。

若くして死んだ玉菊をしのび、引手茶屋の有志がその年の盆に灯籠を飾って霊を弔《とむら》った。これが、玉菊灯籠の始まりと言われている。

図3は、俄の光景である。

安永から天明のころ、芝居好きの引手茶屋の主人や妓楼の楼主が集まり、あく

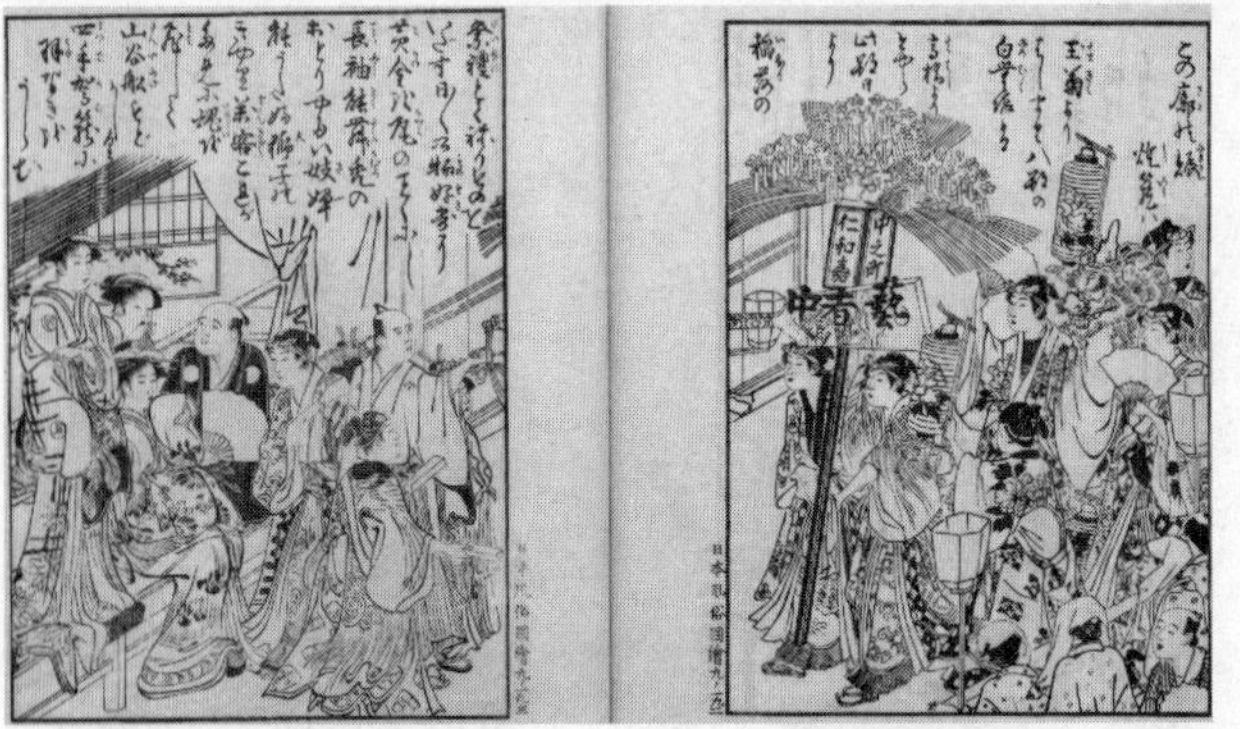

図3『日本風俗図絵』（黒川真道編、大正4年）国会図書館蔵

まで余興で、俄狂言《にわかきょうげん》（即興劇）を仕立てて仲の町を練り歩いたのが始まりとされる。これが思わぬ評判になったことから、その後は本格的に趣向を凝らすようになった。これが、俄である。八月一日から、晴天三十日間、おこなわれた。行事になってからは、幇間や芸者を中心に、茶屋や妓楼の奉公人も参加して、踊りや芝居を演じながら、にぎやかな鳴り物付きで行進した。前出の『西遊草』によると、清河八郎と母親も、この俄を見物していた。

これら三大行事のとき、男だけでなく、多くの女も見物に詰めかけた。とくに行事がない日でも、花魁道中を一目見ようと、老若男女が吉原にやってきたので、吉原はいつも多くの人でにぎわっていた。

しかし、妓楼には痛し痒《かゆ》しの面もあった。というのも、多くの人が詰めかけてにぎわうわりには、登楼する客の増加にはつながらなかったからである。

たしかに、考えてみればそうであろう。

女の見物客は登楼しないし、女連れでやって来た男も登楼はしない。

茶屋や料理屋などはうるおったかもしれないが、肝心の妓楼はむしろ客足が落ちたであろう。

江戸後期の吉原や遊女を描いた浮世絵や錦絵を見ると、いかにも華やかである。吉原は繁栄を謳歌していたように思えるかもしれないが、あくまで観光地としてのにぎわいである。妓楼の内実はそうではなかった。

『式亭雑記』（式亭三馬著）の文化八年（一八一一）の項に——


此節《このせつ》吉原は甚《はなはだ》不景気也。


——とある。当時の戯作者にもわかるほど、妓楼の客足は落ちていた。

妓楼の倒産も相次いだ。たとえば、江戸町一丁目の大見世扇屋は、天明期（一七八二～八九）の全盛のころ、遊女や奉公人合わせて百人を抱え、楼主は俳名を墨河といった。

ところが、『蛛の糸巻』（山東京山著）によると扇屋は——

文政の末にいたりて、つひに家亡びて、吉原を去りてのちは、いかになりゆきけん、此《この》頃聞ば、扇屋の娘四ツ谷新宿豊倉にてめしもりするよし、墨河の孫なるべし、

――とあり、全盛期からおよそ四十年後の文政の末には扇屋は廃業し、墨河の子孫は吉原を去った。しかも、墨河の孫娘が、内藤新宿の豊倉屋という旅籠屋《はたごや》で、飯盛女をしているという。

飯盛女とは、宿場の旅籠屋が抱えた遊女である。

また、『西遊草』で、安政二年（一八五五）八月七日に吉原で俄を見物した清河八郎は――

いろいろの狂言及歌舞ありて、相応に面白きものなれども……（中略）……されども常年に比すればさらに遊人もとぼしきありさま、世間一流の衰微と見へたり。

――と記し、表面上は吉原はにぎわっているが、妓楼にあがる客は減っている状況を見抜いている。

では、なぜ、こんなことになったのだろうか。

元禄期のバブル景気がはじけて吉原は不況におちいり、これを打開するため宝暦期に、従来の揚屋制や太夫の称号を廃止したことを先述した。

この遊興システムの簡素化で、いったんは吉原は復活するかに思えた。

だが、本来は非合法の岡場所の台頭は目覚ましかった。とくに、深川の繁栄は著しかった。

戯作『部屋三味線』（寛政年間）に、吉原と深川を比較して——

吉原と深川は風俗、大いに同じからず。趣《おもむき》、またひとしからず。されども人情は一ツにて、ハアハア国も花魁国《おいらんこく》も、昔も今も、つまるところは、とぼすに異なることなし。

——とあり、「とぼす」は性交の意味。吉原であれ深川であれ、最後にすることは同じじゃないか、というわけである。身も蓋もない言い方だが、真理には違いない。気取りと見栄を捨てれば、することが同じなら、安くて便利な方がいいという理屈になる。

さらに、飯盛女と呼ばれる遊女を置いた、品川、内藤新宿などの宿場も人気があった。

要するに、吉原はほかの遊里に客を奪われたのだ。

簡素化したといっても、やはり吉原の揚代は高かったし、格式と伝統を誇るだけに、客にとっては何かと金がかかったのだ。しかも、吉原は江戸市中からは辺鄙《へんぴ》な地にあった。

そこで、吉原は花魁道中や、三大行事などで集客を図った。たしかに、その豪華絢爛は、岡場所や宿場にはとうてい真似できないものだった。

各種イベントの集客効果はあり、吉原には多くの人が訪れた。しかし、登楼には結びつかなかった。先に紹介した牟田文之助や酒井伴四郎、清河八郎、錦織五兵衛も見物しただけで、登楼はしていない。

吉原は見物するだけで、男たちが実際に女郎買いをするのは岡場所や宿場という、皮肉な結果になったのである。

こうして、表面は派手だが、経営的にはじり貧になっていく妓楼が打った手が、値下げだった。

『藤岡屋日記』に、妓楼の価格競争の様子が、次のように書き留められている。

嘉永四年（一八五一）五月、角町の万字屋が、「現金　遊女大安売　引手なし」という引札を配った。その値下げは、

座敷持遊女　金一分《ぶ》↓銀十二匁《もんめ》
部屋持遊女　金二朱↓銀六匁

などというものだった。引手なしとは、引手茶屋を介在させませんよ、ということ。

この引札は評判になり、万字屋には客が殺到した。

ところが、これに対抗するように、京町二丁目の大和屋が引札を配り、その値下げは、

座敷持遊女　金一分↓三朱
新造　金二朱↓一朱

などとする、思い切ったものだった。

さらに、六月には京町二丁目の金沢屋や、角町の若狭屋がそれぞれ、値下げを謳《うた》う引札を配った。

図4は、京町二丁目の金沢屋が配布した引札である。

こうなると、もう泥沼の値引き合戦といってよかろう。

こうした値下げ競争をしながら、吉原は明治維新を迎える。

江戸時代後期の、極彩色の錦絵に描かれた吉原と遊女は、たしかにあでやかで、魅惑的である。しかし、それは観光地吉原の姿だった。遊廓吉原は、衰退していたのである。

遊廓吉原が息を吹き返すのは、明治以後だった。

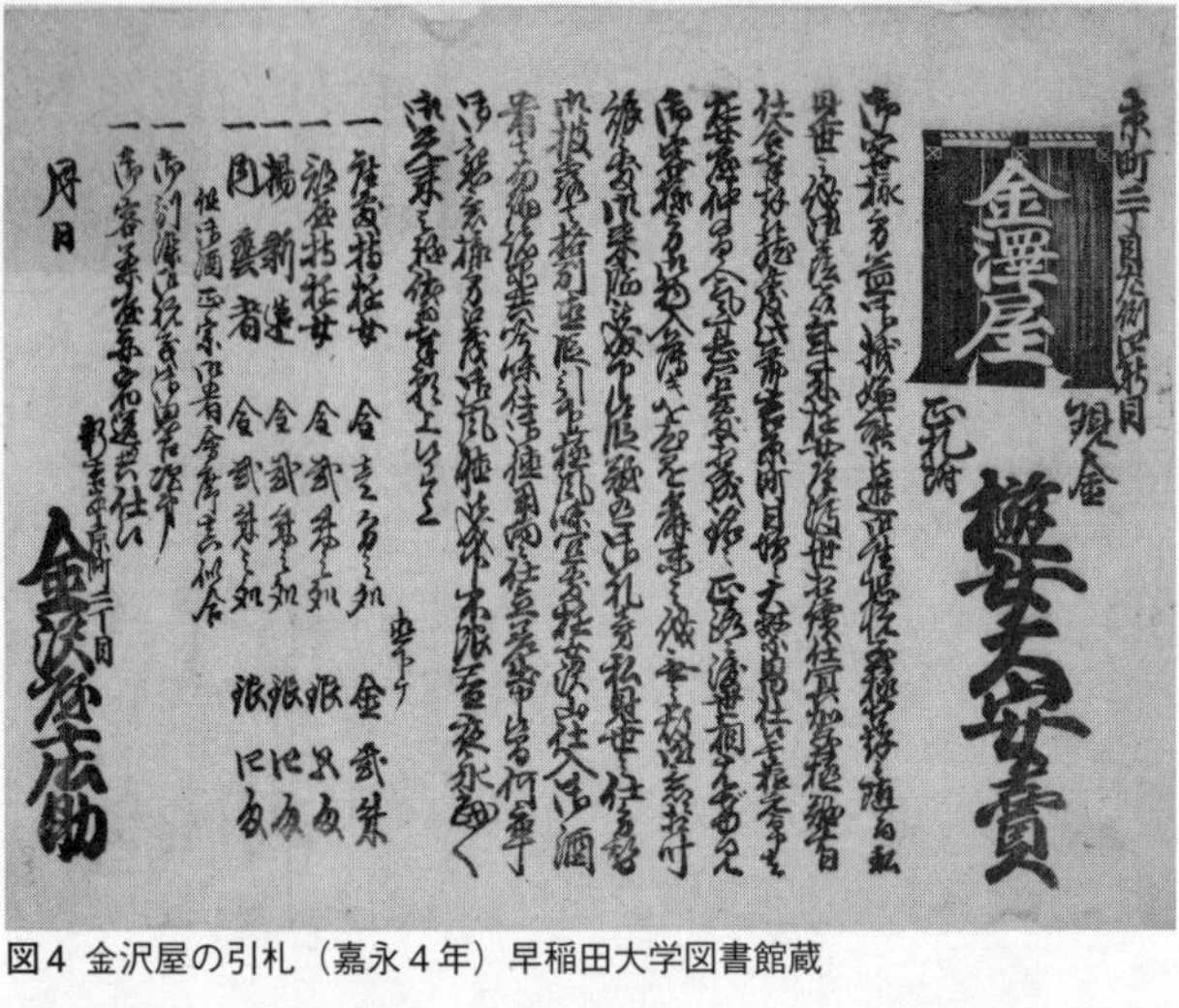

図4 金沢屋の引札（嘉永4年）早稲田大学図書館蔵

第六章　吉原以外の公許の遊廓

○新町と島原

吉原は幕府の許可を得た、いわゆる公許の遊廓である。だが、江戸の吉原だけでなく、大坂の新町《しんまち》、京都の島原《しまばら》も公許の遊廓だった。

新町、島原、吉原を三大遊廓ということもある。

図1に、新町遊廓のにぎわいが描かれている。

天正《てんしょう》十一年（一五八三）に大坂城の築城が始まると、多くの若い労働力が大坂に流入してきた。こうした男たちを目当てに女郎屋が林立した。

各地の女郎屋をできるだけ一カ所に集めるため、豊臣秀吉は天正十三年（一五八五）、大坂に遊廓を作るのを許可した。

その後、秀吉の死後も遊里は増え続けたが、元和《げんな》三年（一六一七）、あたらしい町割りにともない、女郎屋はすべて新町に移された。二代将軍秀忠のときである。

こうして、新町は徳川幕府の公許の遊廓となった。

戯作『けいせい色三味線』（江島其磧著、元禄十四年）によると、新町の太夫は合わせて三十九人である。同書では、吉原の太夫はわずか五人に過ぎない。

近松門左衛門の浄瑠璃には新町を舞台にしたものが多く、

『冥途の飛脚』（正徳元年初演）には遊女梅川、

『夕霧阿波鳴渡』（正徳二年初演）には遊女夕霧、

『山崎与次兵衛寿の門松』（享保三年初演）

図1『澪標』（寛政10年）国会図書館蔵

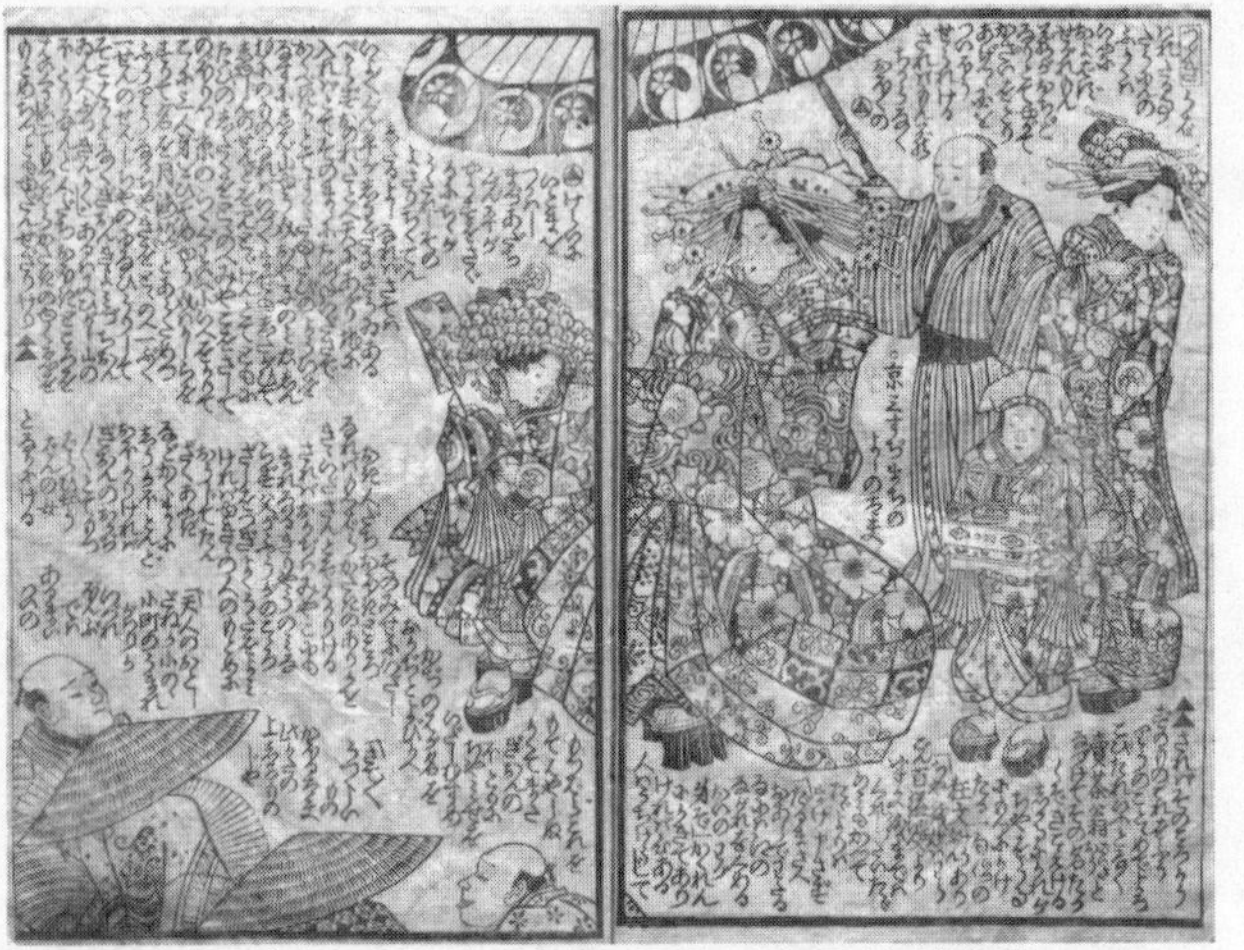

図2『国字茶話文庫』（丹頂庵鶴丸著、天保９年）国会図書館蔵

には遊女吾妻、『女殺油地獄』（享保六年初演）には遊女小菊、が登場する。

いっぽう、図2に「京みすじ町のよしの太夫」とあるが、三筋町《みすじまち》は島原遊廓の異称。

つまり、長柄《ながえ》の傘をさしかけられているのは、島原の吉野太夫である。

見物の男たちが――

「さてさて、美しいもの」

「天人の落とし胤《だね》か、小野小町の生まれ変わりか」

――と、讃嘆している。

京都の遊廓は天正十七年（一五八

九）、豊臣秀吉が関白のとき、二条柳町にひらかれ、俗に柳町や新屋敷と呼ばれた。諸説あるが、それまで各地に散在していた女郎屋を集め、遊廓として整備したのであろう。

その後、慶長七年（一六〇二）、市街の拡張のため遊廓は六条の地に移転した。さらに、およそ四十年後の寛永十七年（一六四〇）、三代将軍家光のとき、朱雀野《すざくの》に移された。正式な名称は西新屋敷柳町だったが、いつしか島原と呼ばれるようになった。

遊廓はまわりを土塀と堀で囲まれていたため、寛永十五年（一六三八）に終結した島原の乱に従軍した男たちが、

「島原の城に似ている」

と評したのが由来だという。

図3には、島原の大門が描かれている。この大門が唯一の出入り口だった。

一見すると、吉原に似ている気がするが、じつは逆で、吉原が島原にならったのである。

『けいせい色三味線』（元禄十四年）によると、島原の最高位の遊女である太夫は合わせて十三人である。吉原よりは多いが、新町には及ばない。

元禄のころまで、経済も文化も上方《かみがた》の方が江戸よりも優位に立っていたが、遊里

についても同様だった。

三大遊廓と称されるが、江戸時代の前期は、新町・島原の方が吉原よりはるかに繁栄していた。

図3『嶋原出口光景』（貞信著）国会図書館蔵

○丸山遊廓

長崎の丸山《まるやま》遊廓は公許の遊廓だが、島原・新町・吉原と違ったのは、異人（外国人）の客の存在である。

もともと長崎の各地に存在していた妓楼を寛永十九年（一六四二、三代将軍家光のとき）、一カ所に集め、丸山遊廓ができた。現在の、長崎市丸山町の地である。

図1は、丸山遊廓の全景。元禄五年（一六九二）には、千四百四十三の遊女がいた。

当時、長崎に来航できる異人は、オランダ人と清《しん》（中国）人に限られていた。

しかも、オランダ人は出島、清人は唐人《とうじん》屋敷から外に出ることは禁じられていた。

さらに、オランダ人も清人も、たとえ既婚者であっても妻を同伴して来航するのは許されていなかった。

そのため、長崎に滞在する異人はいわば単身赴任であり、数年間の禁欲生活を余儀なくされた。丸山遊廓に行くこともできなかったのである。

性欲を解消するには、丸山遊廓の遊女を呼び寄せるしかない。そして、これを幕府は許可していた。いわゆるデリヘルのサービスを公認していたことになろう。

異人と丸山の遊女のあいだを斡旋《あっせん》する者がいた。異人がその者に希望を告げれば、求めに応じて丸山から遊女を出島、あるいは唐人屋敷に連れて来た。

戯作『好色一代男』（井原西鶴著、天和二年）によると、主人公の世之介は丸山でも遊んでおり——

はや面白うなってきて、宿《やど》に足をもためず、すぐに丸山にゆきて見るに、女郎屋の有様、聞き及びしよりはまさりて、一軒に八、九十人も見せかけ姿、唐人は……（中略）……恋慕深く、なかなか人の見ることも惜しみ、昼夜ともに、その薬を呑みては、飽かず枕を重ね侍《はべ》る。日本人のならぬ事はこれなり。紅毛《おらんだ》は出島にようで戯《たわぶ》れ……

——という具合で、繁盛していた。

清人は媚薬を飲んで、昼夜をとおして、し続けで、日本人は及びもつかないとい

図1『長崎丸山噺』（本山桂川著、大正15年）国会図書館蔵

うのだが、外国人に対する日本人の男の性的な劣等感は、天和二年（一六八二）にもあったようだ。いっぽうのオランダ人は出島に呼んで戯れている、と。

図2は、出島で、呼び寄せた遊女とオランダ人が酒宴をしている光景。

右にいる通子《つうじ》（通詞）は通訳である。ひとりのオランダ人が何か言ったのを聞いて——

「何とおっしゃいます。酒はいやだから、早く寝たいとか。どうも、まえど床急《とこいそ》ぎには困ります」

——と、ぼやいている。

「床急ぎ」は遊里用語で、妓楼に登楼しても酒宴などはいっさいせず、すぐに遊女と床入りすること。

図2のあと、遊女はそれぞれオランダ人の個室で床入りとなったが、寝床はベッドだったろう。

江戸時代、丸山の遊女はベッドを経験していたことになる。

図3は、唐人屋敷に呼ばれた遊女。清人も、ベッドを使用していた。

『譚海』（津村淙庵著、寛政七年）も、丸山の繁栄について――

揚屋などははなはだ壮麗なる事にて、畳千畳も敷る丶家あり。遊女は五六百人もあるべし。

――と述べている。建物も豪壮だったようだ。吉原に勝るとも劣らなかっ

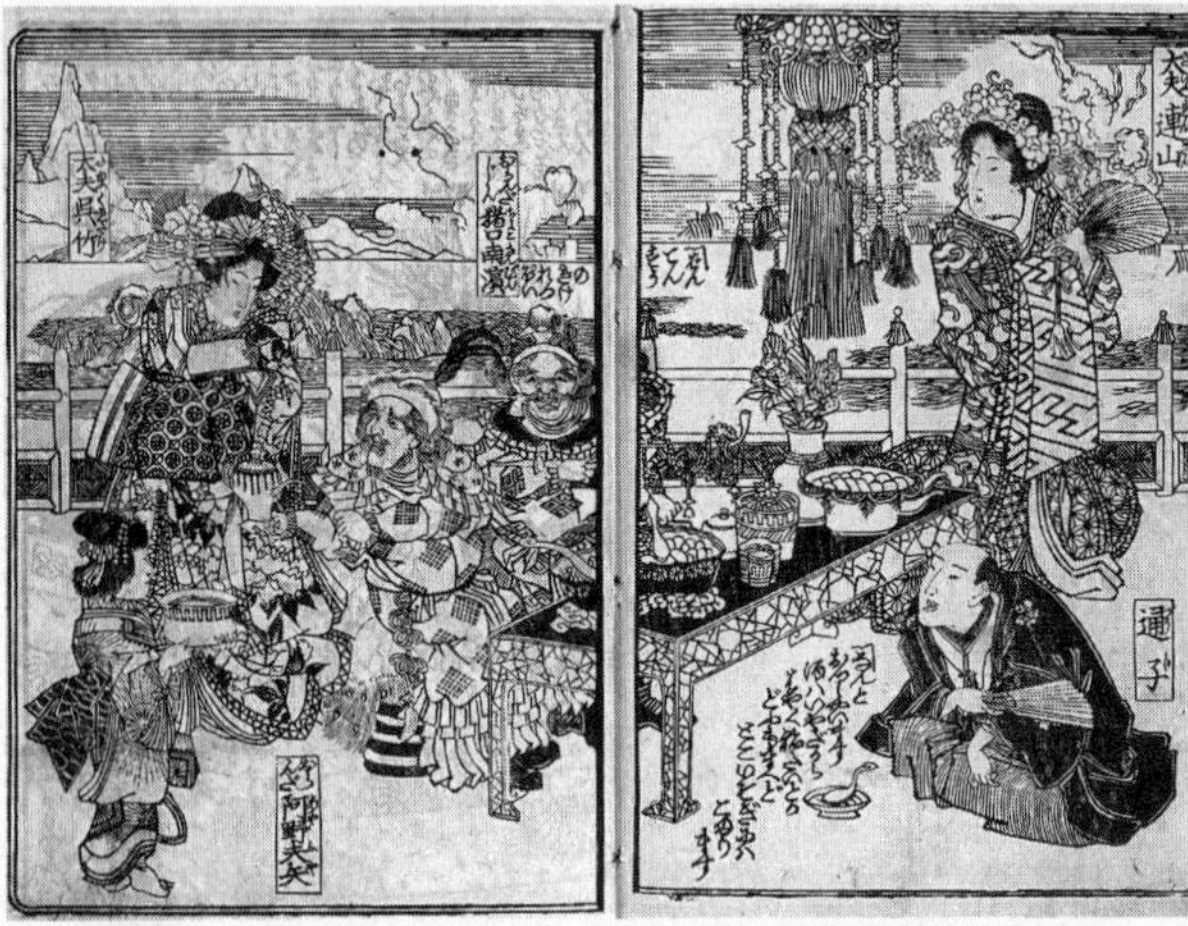

図2『駱駝之世界』（江南亭唐立著、文政8年）国会図書館蔵

図3『長崎丸山噺』（本山桂川著、大正15年）国会図書館蔵

たといおうか。

また、戯作『春色恋白浪』(為永春水著、天保十二年)に――

彼《か》丸《の》山の全盛と美人の多きは、日本《ひのもと》の第一なりと聞伝う。

――とあり、美人が多かったようだ。

○港崎《みよざき》遊廓

港崎は、幕末になってできた遊廓である。

安政六年（一八五九）の横浜開港にともない、異人がどっと来航するのが予想された。また、横浜には居留地もでき、異人の定住も始まる。

こうした事態に直面して、幕府はあわてて遊廓の設置を決めた。

湿地を埋め立てて一万五千坪の敷地とし、遊廓の仕組みは吉原、異人の扱いは丸山にならうとした。場所は、現在の横浜スタジアムのある横浜公園である。

安政六年の末から遊廓としての本格的な営業を開始し、港崎と命名された。

図１『東海道名所之内横浜風景』（五雲亭貞秀、万延元年）国会図書館蔵

図1は、港崎遊廓の全体が描かれている。

周囲が掘割で囲まれていることなど、吉原にならったのがわかる。

しかし、すでに開国しているため、異人は横浜の町も、港崎も自由に闊歩できた。もはや、丸山のデリヘル方式は通用しない。

図2は、港崎で最大の妓楼・岩《がん》亀《き》楼《ろう》で、和洋折衷の、当時としては画期的な建物だった。そのため、見物人も多かった。

聞き書き『幕末明治女百話』（篠田鉱造著、昭和七年）に――

横浜の岩亀楼《がんきろう》というものは、どなたも御存知の遊女屋で、家の中

に、日光の朱塗の橋が拵《こしら》えてあって、有名なもので、異人さんが珍らしがって、よく遊びに参ったものです。見物料を取って、見物をさせたといいますが、ソノ見物料が、一人分二朱と五百ですから……（中略）……横浜見物で、岩亀楼を観なくっては、見物甲斐がないといいました。

――とあるように、吉原の妓楼をはるかにしのぐ豪壮さだった。

また、吉原見物と同様、港崎見物も多かったのがわかる。

図3は、岩亀楼で異人がどんちゃん騒ぎをしている光景である。

当時の通貨の関係から、異人に

図2『港崎町会所の図』（五雲亭貞秀、万延元年）国会図書館蔵

扇の間
一川芳員画
一川芳員画

図3『横浜港崎廓岩亀楼異人遊興之図』（一川芳員著、文久元年）国会図書館蔵

は日本の物価も人件費も安く感じられたであろう。当然、気前よく散財する。

当初こそ、港崎の遊女は異人と肌を合わせるのを嫌悪したが、やがて歓迎するようになっていった。異人は上客だったのである。

ところで、岩亀楼の遊女喜遊《きゆう》は楼主からアメリカ人の客を取るよう迫られても、異人に肌を許すのを拒み続け、ついには、

露をだにいとう大和《やまと》の女郎花《おみなえし》ふるあめりかに袖は濡らさじ

という辞世の歌を残し、懐剣で喉を突いて自害したという。

遊女でさえ大和なでしこの操《みさお》を守ったというこの哀話は、小説や芝居にもなって有名だが、まったくのフィクションであり、史実ではない。

そもそも、岩亀楼に喜遊という遊女はいなかった。

港崎は開業から七年後の慶応二年（一八六六）、横浜の大火（通称、豚屋火事）で全焼した。

その後、港崎が再建されることはなく、遊廓は他の場所に移った。

港崎遊廓の繁栄はごく短期間だった。

引用・参考文献

花街漫録　日本随筆大成第一期第九巻　吉川弘文館
骨董集　日本随筆大成第一期第十五巻　吉川弘文館
近世奇跡考　日本随筆大成第二期第六巻　吉川弘文館
梅翁随筆　日本随筆大成第二期第十一巻　吉川弘文館
後は昔物語　日本随筆大成第三期第十二巻　吉川弘文館
墨水消夏録・蛛の糸巻　燕石十種第二巻　中央公論社
俗耳鼓吹　燕石十種第三巻　中央公論社
吉原雑話　燕石十種第五巻　中央公論社
式亭雑記　続燕石十種第一巻　中央公論社
山東京伝一代記　続燕石十種第二巻　中央公論社
色道大鏡　続燕石十種第三巻　中央公論社
天明紀聞寛政紀聞　未刊随筆百種第二巻　中央公論社
文化秘筆　未刊随筆百種第四巻　中央公論社
江戸自慢・御町中御法度御穿鑿遊女諸事出入書留　未刊随筆百種第八巻　中央公論社
新吉原細見記考　鼠璞十種上巻　中央公論社
諸国廻歴日録　随筆百花苑第十三巻　中央公論社
おさめかまいじょう　太平書屋
秘伝書　江戸遊女評判記集　天理大学出版部

街談文々集要　近世庶民生活史料　三一書房
藤岡屋日記第三・四巻　近世庶民生活史料　三一書房
譚海　日本庶民生活史料集成第八巻　三一書房
東武日記　日本都市生活史料集成二　学習研究社
世事見聞録　岩波文庫　岩波書店
元禄世間咄風聞集　岩波文庫　岩波書店
吉原徒然草　岩波文庫　岩波書店
難波鉦　岩波文庫　岩波書店
西遊草　岩波文庫　岩波書店
幕末明治女百話　岩波文庫　岩波書店
形影夜話　洋学上　日本思想大系64　岩波書店
里のをだ巻評　風来山人集　日本古典文学大系55　岩波書店
吾妻曲狂歌文集　川柳狂歌集　日本古典文学大系57　岩波書店
傾城禁短気　浮世草子集　日本古典文学大系91　岩波書店
折たく柴の記　日本古典文学大系95　岩波書店
ひとりね　近世随想集　日本古典文学大系96　岩波書店
好色二代男　新日本古典文学大系76　岩波書店
けいせい色三味線　新日本古典文学大系78　岩波書店
古今吉原大全　洒落本大成第四巻　中央公論社
契国策・郭中掃除雑編　洒落本大成第七巻　中央公論社

総籬・青楼五雁金・夜半の茶漬　洒落本大成第十四巻　中央公論社
中洲の花美・傾城買四十八手　洒落本大成第十五巻　中央公論社
娼妓絹籭・錦之裏・取組手鑑　洒落本大成第十六巻　中央公論社
傾城買二筋道　洒落本大成第十七巻　中央公論社
部屋三味線・契情実之巻　洒落本大成第十九巻　中央公論社
色講釈・廓之桜　洒落本大成第二十巻　中央公論社
狐竇這入　洒落本大成第二十一巻　中央公論社
四季の花　洒落本大成第二十五巻　中央公論社
後編吉原談語・遊子娯言　洒落本大成第二十六巻　中央公論社
青楼曙草　洒落本大成第二十七巻　中央公論社
遊女案文　洒落本大成補巻　中央公論社
好色一代男　井原西鶴集一　日本古典文学全集38　小学館
三人吉三廓初買　新潮日本古典集成65　新潮社
仮名文章娘節用・娘太平記操早引　人情本代表作集　国民図書
郭の花笠　人情本刊行会
春色恋白波　古典文庫
喜能会之故真通　江戸名作艶本五　学研
春情妓談水揚帳　江戸名作艶本七　学研
全国遊廓案内　日本遊覧社
ソープランドでボーイをしていました　玉井次郎著　彩図社

吉原花魁日記（光明に芽ぐむ日）　森光子著　朝日文庫　朝日新聞出版
図説吉原事典　永井義男著　朝日文庫　朝日新聞出版
下級武士の日記でみる江戸の「性」と「食」　永井義男著　河出書房新社

吉原《よしわら》の舞台裏《ぶたいうら》のウラ
遊女《ゆうじょ》たちの私生活《しせいかつ》は実《じつ》は○○だった？

朝日文庫

2020年8月30日　第1刷発行

著　　者　永井義男《ながいよしお》

発 行 者　三宮博信
発 行 所　朝日新聞出版
〒104-8011　東京都中央区築地5-3-2
電話　03-5541-8832（編集）
　　　03-5540-7793（販売）
印刷製本　大日本印刷株式会社

ISBN978-4-02-262021-7

朝日文庫

小杉 健治

出奔

天文方・伊能忠敬

蝦夷地測量図の完成を間近に控えた伊能忠敬は、自らが天文を志したきっかけとなった、ある男の死に思いを馳せる。書き下ろしシリーズ第一弾。

小杉 健治

道標

天文方・伊能忠敬二

日本橋で奉公を始めた三治郎だが、その主の動きに不審を抱く。そんなある日、伊能家への婿養子の話が転がり込んできて……。シリーズ第二弾。

悲恋

朝日文庫時代小説アンソロジー 思慕・恋情編

細谷正充編／安西篤子／池波正太郎／北重人／澤田ふじ子／南條範夫／諸田玲子／山本周五郎

夫亡き後、舅と人目を忍ぶ生活を送る未亡人。父を斬首され、川に身投げした娘と牢屋奉行跡取りの運命の再会。名手による男女の業と悲劇を描く。

情に泣く

朝日文庫時代小説アンソロジー 人情・市井編

細谷正充編／宇江佐真理、北原亞以子、杉本苑子、半村良、平岩弓枝、山本一力、山本周五郎

失踪した若君を探すため物乞いに堕ちた老藩士、家族に虐げられ娼家で金を毟られる旗本の四男坊など、名手による珠玉の物語。《解説・細谷正充》

おやこ

朝日文庫時代小説アンソロジー

細谷正充・編／池波正太郎／梶よう子／杉本苑子／竹田真砂子／畠中 恵／山本一力／山本周五郎・著

養生所に入った浪人と息子の嘘「二輪草」、歌舞伎の名優を育てた養母の葛藤「仲蔵とその母」など、時代小説の名手が描く感涙の傑作短編集。

伊東 潤

江戸を造った男

海運航路整備、治水、灌漑、鉱山採掘……江戸の都市計画・日本大改造の総指揮者、河村瑞賢の波瀾万丈の生涯を描く長編時代小説。《解説・飯田泰之》

吉田　雄亮
お隠れ将軍二　鬼供養

名を変え、市井に生きる七代将軍徳川家継。刺客との戦いの中、彼は初めて友と呼ぶべき剣客と出会うが、それは自ら窮地を招くことになり……

堺屋　太一
鬼と人と（上）

天下布武に邁進する織田信長と、その忠実な家臣足らんとする明智光秀。両雄の独白形式によって、互いの心中を炙り出していく歴史巨編。

堺屋　太一
鬼と人と（下）

信長から領地替えを命じられた光秀は屈辱に震える。両雄の考えのすれ違いは本能寺で決着を見るが、信長は、その先まで見据えていた。

梶　よう子
ことり屋おけい探鳥双紙

消えた夫の帰りを待ちながら小鳥屋を営むおけい。時折店で起こる厄介ごとをときほぐし、しなやかに生きるおけいの姿を描く。《解説・大矢博子》

野火　迅
使ってみたい　武士の日本語

「大儀である」「ぜひもない」など武士ならではの言葉二〇七語を、池波正太郎、藤沢周平らの時代小説や、井原西鶴の浮世草子から厳選して紹介。

氏家　幹人
性なる江戸の秘め談義

江戸と明治をのぞき見れば、飽くなき性愛への欲求にふける我が祖先たちの姿が。萌える男とうずく女の多様な愛の形、その夜話、七五話。

朝日文庫

網野 善彦／鶴見 俊輔
歴史の話
日本史を問いなおす

教科書からこぼれ落ちたものにこそ、この国の未来を考えるヒントがある。型破りな二人の「日本」と「日本人」を巡る、たった一度の対談。

海音寺 潮五郎
西郷と大久保と久光

明治維新の中心に立ち革命に邁進した西郷隆盛と、大久保利通、島津久光との関係性を浮き彫りにした史伝的小説。《解説・高橋敏夫》

本郷 和人
日本中世史の核心
頼朝、尊氏、そして信長へ

中世を読み解く上で押さえておきたい八人のキーパーソン列伝。個々の人物を描き出すことで、濃厚でリアルな政治史の流れが浮き彫りになる。

真堂 樹
男爵の密偵
帝都宮内省秘録

昭和五年、東京。宮内省幹部に飼われる密偵・藤巻虎弥太と、中国趣味の若き伯爵候補・石蕗春衡が怪事件に挑む。帝都ロマン・サスペンス。

早川 タダノリ
「日本スゴイ」のディストピア
戦時下自画自賛の系譜

現代も氾濫する「日本スゴイ」言説。そのご先祖様とも言える、戦前戦中の書物から見えてくる世界とは。日本って何がそんなに「スゴイ」の？

阿部 謹也
近代化と世間

日本という「世間」でいかに生きるべきか――。西洋中世史研究と日本社会論とを鮮やかに連結させた、碩学の遺著。《解説・養老孟司》